JN021061

「気がきく人」

The Power of Habits
Will Change Your Life.

The Method of Getting along with
others easily
-50 Habits to Brighten Your Life-

「気がきかない人」の習慣

ENAKO
YAMAMOTO
山本衣奈子

はじめに

「相手との距離感がなかなか縮まらない」

「気がきかない、とよく言われてしまう」

「気を遣っているつもりなのに相手を不快にさせてしまう」

「気持ちがうまく伝わらず、誤解や勘違いをされることが多い」


あなたは、コミュニケーションにおいてこのような悩みを抱えていませんか？

色々な方法を学んで試したものの、うまくいかずになんとなく諦めてしまっている方もいるでしょう。


はじめまして。山本衣奈子と申します。

私は現在、伝わる表現アドバイザーとして、講演・研修の講師をしています。主にコミュニケーションをテーマに、人づきあいを円滑にするヒントをお伝えし、全国を飛び回りながら人間関係の改善や職場活性のお手伝いをしています。

今でこそこんな仕事をしている私ですが、かつては人間関係に悩みが絶えませんでした。

相手を気遣ったつもりで言ったことが、かえって相手を怒らせたり、気を遣おうとするあまり言いたいことがまったく言えなくなったり、といったことがしょっちゅうでした。

そんな私に最初に気遣いのヒントをくれたのは、演劇の世界です。

舞台上にいる人たちは、おたがいに相手を気遣いながらも、みんな堂々としていてしっかり言葉を発し、自分の想いや意見をきちんと表現していました。

〝気遣い〟は目に見えるものではありませんが、言葉や態度、考え方などの細部に宿ります。ほんの小さな表現の違いが、相手との関係性だけではなく、全体の雰囲気をいい方向にも悪い方向にも変化させていくのです。

学生時代、演劇に没頭していた私は、舞台上でそんな現場を何度も目の当たりにしたことで、気遣いがコミュニケーションの重要な柱であると感じました。そしてそれは、大学卒業後に数多くの会社に飛び込んだことで、確信に変わりました。接客・営業・事務・秘書・育成など、様々な役割を経験しましたが、どんな業務や業界であっても、そこでいい結果を生み出し、周囲にいい影響を与えていたのは、間違いなく気がきく人だったのです。

この本では、私が20年以上の歳月を通して出会ってきた、気がきく人の習慣をまとめて紹介していきます。私自身が実際に効果が高いと感じたものを中心に厳選してピックアップしました。

この気遣いを核としたコミュニケーションのコツをまとめた講演・研修は、これまでの総受講者数が5万人を超えました。「どんな人にも必要で有効なことだ」と喜んでいただき、リピート率も8割に上っています。

また、気遣いの力を各業界で高く評価いただき、著名人やスポーツ選手との対談も多数担当してきました。「気持ちよく話を引き出してくれる」と、話し相手として指名での仕事のご依頼をいただくことも増えています。

「コミュニケーション力」という言葉だけを見ると、何か特別な能力でもあるかのように考えられがちです。

けれども、人づきあいの根底を支えているのは特別な力ではなく、小さな気遣いの積み重ねです。1つひとつはとても小さなことですが、積み重ねていくことで厚みを増し、揺るぎない愛情の土台となって人づきあいを支えていきます。

あなたが気遣いに悩み、コミュニケーションの答えを探し続けてきたならば、きっと本書が役に立てるはずです。

何しろ、ここでお伝えしているものは、私が実際に効果を実感、実証しているものであるからです。

単に行動をなぞるだけではなく、納得して自分なりの習慣に変えていけるよう、心理学的な根拠や実例・具体例なども盛り込みながらご紹介しています。

コミュニケーションには正解がないと言われますが、だからこそ、自分が何を正解とするのかがとても重要です。本書が、自分なりの答えに向かって一歩踏み出すためのヒントとなれたら嬉しく思います。

本書を通して、気がきく人が習慣にしている小さなコツは、決して難しいことではなく、誰にでもすぐに実践できる小さな心がけと行動だということが、きっとおわかりいただけるはずです。

どこから読んでいただいても構いません。自分が気になっているところから読んで、1つだけでもいいので毎日の生活に取り入れてみてください。コミュニケーションがもっと楽しく、そして楽なものになることを実感いただければ幸いです。

本書が、あなたの明日を明るくしていくことを心から願っております。

山本衣奈子

目次

第２章　振る舞い方編

第3章 気遣い編

第4章　働き方編

第5章 口癖編

第6章　考え方編

ブックデザイン：菊池 祐
組版：野中 賢／安田浩也（システムタンク）
校正：共同制作社

第1章

話し方編

01

気がきく人は語尾を相手の前に置き、気がきかない人は語尾を濁す。

日本語は、基本的に結論が語尾にくる言葉です。

例えば、「昨日、私は会社に行きました」という文章において、結論は「行きました」にあります。「昨日、私は会社に」だけでは、行ったのか行かなかったのかはわかりません。

日本語を聞く耳は、語尾までしっかり聞こうとするものです。語尾を聞き逃すと、結論がさっぱり理解できないからです。

ところが、気がきかない人の語尾は、濁したままプツリと消えるような話し方であることが多いです。次のように「。」で終わらず「、」で終わるイメージです。

理解度を聞かれると「理解はできているのですが、」
参加の有無を問われると「行こうとは思っているのですが、」

これは言い切ることへの不安であったり、自信のなさから出ていることがほとんどです。

語尾を濁らせると、理解しづらいだけではなく、意図せず何か含みがあるように響きます。言葉にされていない意味がそこにあるように聞こえるので、スッキリ伝わらず、誤解を与えてしまうことが少なくありません。

以前勤めていた会社の同僚に、まさにこのタイプのAさんがいました。物事をはっきり言うことが苦手なようで、Aさん自身も「自分の言うことに自信が持てない」と言っていました。

仕事の進捗を確認すると「問題ないとは思いますが、」お昼に何を食べるか聞くと「私は何でもいいですけど、」終始そんな感じでした。

何か他に言いたいことがあるのかと聞いても特にないことがほとんど。最初は「が、というのは、本当は何かあるということなの？」「けど、ってことは何か希望があるの？」と気にかけていた人たちも、面倒になってきたのか、だんだん声をかけること自体を避けるようになっていってしまいました。

放っておくわけにもいかず、それを指摘すると、Aさんはとても驚いていました。本人は意識しておらず、気づいてもいなかったようです。

とはいえ、苦手や不安をすぐさま克服して変えることは難しいですよね。「どうしたらいいのかな……」と相談されたので、語尾の使い方がうまい先輩を真似してみることを提案しました。

その先輩は、部署を超えて多くの人に頼りにされていました。いつもたくさんの人と情報が彼女の周りに集まっており、誰よりも早くリーダーになった人でした。

彼女の話し方は、相手への気遣いに溢れており、特に語尾を丁寧に扱う話し方でした。

理解度確認には「大筋は理解できました。ただ、ちょっと曖昧なところがあります。」

食事の際には「苦手はないので何でも大丈夫。できればさっぱりしたものがいいかな。」

このように、すべての発言を「。」で止める文章にして伝えていたのです。その分メッセージがとてもクリアでまっすぐ届き、そこから伝わってくる彼女の自信も、信頼を生み出す大きな要素となっていました。

さらに、語尾を「止める」だけではなく、相手の前に「置く」ことも、気がきく人の特徴です。言い切ると語気が強くなりがちなので、それを「投げる」ように言うと、傲慢な印象になることがあります。そのため、**気がきく人は、語尾を言い切り、かつ相手の前にそっと置くように話します**。

この感覚を掴むには、小さな箱を持つように手を構え、語尾の部分で相手の前に「置く」というジェスチャーをしてみてください。イメージがわかりやすくなるのでおすすめです。

01
気がきく人は、語尾を言い切る！

02

気がきく人は「歩み寄る」ように話し、気がきかない人は「失礼のない」ように話す。

同じ内容でも、どんな声で話すかによって印象はかなり変わるものです。
ところが、人と会うときに服装や持ち物、メイクにはとても気を遣っているのに、声にはまったく気を遣っていない、という人が少なくありません。

人が好む声、というとあなたならどんな声をイメージしますか？
「美しい声」「きれいな声」「通る声」、様々な言葉が浮かんでくるかもしれません。もちろんどれも間違っているわけではありませんが、人がもっとも好ましく感じる声というのは、「**耳に優しい声**」です。

私は24時間対応のコールセンターに勤めていたことがあります。通信サービスの問い合わせ窓口で、毎日様々な電話を受けていました。

仕事を始めたばかりのころ、電話と言えば「きれいな声で丁寧に話す」ことがもっとも大事だと思っていました。背筋を正し、慎重に声を作り、言葉を選ぶ練習をし、実践するようにしていました。どんな音でどう声にしたら美しく話すことができるだろうかということを、つねに考えながら電話に出ていたのです。

ある日、年配の女性から、サービスの内容についての質問がありました。一通り話をした後、ふと間を置いてからお客さまがこうおっしゃいました。

「なんだか、ロボットと話しているみたいね」

思いがけない言葉に焦り、一転しどろもどろになった私に「あ、よかった、人間だった」とそっと笑った後、少し雑談してから申し込みをしてくれました。

そのとき、私は大きな勘違いをしていたことに気づきました。

〝きれいに話そう〟ということばかりを一生懸命考えていたことで、私の表情はつねに真剣で深刻。そしてその顔から生まれる声も真剣そのもの。つまり〝真声〟です。

真声のイメージは、色も温度もない音。冷たく無機質に響く、まさにロボットのような声です。この声は、人を遠ざけるとまではなくとも、近づけることはありません。

気がきく人は、声にも心を配っています。

主に使っているのは〝笑声〟です。口角を上げて目尻を下げる、つまり笑顔から生まれる自然な声。笑声のイメージは、暖色の柔らかい布で温かく包むような音。耳に優しく届くので安心感が生まれやすく、半歩おたがいが歩み寄れるような後押しをしてくれます。

「そんなにわざとらしくニコニコなんてできないよ！」とおっしゃる方もいるのですが、もちろん無理にやっても疲れるだけですし、必要以上にニコニコしなくて構いません。

笑声を出すには、口角を無理に上げるより、〝目の下の筋肉をほんの少し持ち上げる〟ことを意識するのがおすすめです。

頬骨あたりに少し力を入れて上に引っ張るようにします。そうすると口角も自然に持ち上がり、笑声が出やすくなります。

「声」は喉で作られると思われがちですが、実は**「声」を作っているのは「表情」**です。
試しに「こんにちは」という言葉を、笑顔と真顔の両方で言ってみてください。まったく違う音が出ているのがわかると思います。

気遣い下手な人は、つい考えすぎて真剣になりすぎる傾向があります。それも、「失礼のないように」「迷惑をかけないように」と、相手のことを熱心に考えていることが多いものです。とても相手思いなのに、その真剣さが生み出す表情と声のせいで、相手との距離が縮まらないのは本当にもったいないことですよね。

会話は声に乗って交わされるものなので、その土台となる声を整えるところから始めることが大切です。まずは〝目の下の筋肉を少し持ち上げる〟ことを習慣にしていきましょう。

02 気がきく人は、声を味方につける！

気がきく人は興味関心で質問し、気がきかない人は興味本位で聞こうとする。

「こんなことを聞いたら失礼かな」「こんなこと聞かれても困るだろうな」ついそういう考えが頭をよぎり、言葉を飲み込んだ経験はないでしょうか。

言葉は一度口に出してしまったら、戻すことも消すこともできません。そういう意味では、発する前に一旦見つめ直してから言葉にするというのは、悪いことでも間違ったことでもなく、とても大事なことです。

ただ、それが必要以上の〝我慢〟や〝遠慮〟となって、言いたいことが言えない消化不良状態を作ってしまうとしたら、気持ちのいい人間関係を築くことはできません。

実は多くの場合、よほどプライバシーに関わるようなことでなければ、本当に「聞かれて困ること」というのは限られているものです。相手も「こんなこと言っても興味ないかな」「こんなこと聞かされても困るかな」と考えており、あえて自分から言っていないだけということもよくあります。

下手に憶測で遠慮してしまうことは、知ることができた相手の情報を自ら逃してしまうこととも言えます。せっかくの会話の機会、それではもったいないですよね。

実際、気がきく人は、あれこれ考えすぎることなく、とても自然に相手の懐に入っていきます。もちろん、考えすぎないだけであって、まったく何も考えていないわけではありません。

気がきく人は、「興味関心」と「興味本位」は違うということをしっかり意識して会話をしています。

「興味関心」とは、相手のことを理解したいという気持ちであるのに対し、「興味本位」は相手のことを面白半分に知ろうとする気持ちです。

相手に興味を持ってもらえるのは嬉しいことですが、面白半分に詮索されるのは気持ちのいいことではありませんよね。

誰にでも触れてほしくないことや、言いたくないことの1つや2つはあるものでしょう。単なる興味本位で考えなしに踏み込みすぎると、失礼になったり、相手の気分を悪くしたりすることもあります。

かつて私も、相手がニコニコしていたのをいいことに、プライベートに関することにまでずけずけと質問しすぎて、「ちょっとあまり答えたくないな」と苦笑いされてしまったことがあります。それまでの和やかな空気が一瞬にして変わり、「しまった」と思う気持ちと申し訳なさと恥ずかしさで、そこからの会話は大変ぎこちなくなってしまいました。

気がきく人がそういう空気を作ることがないのは、**「興味関心」の立場を明らかにしながら言葉を発している**からなのです。具体的には、「もしよければ」というスタンスに立ち、それを次のような言葉できちんと伝えています。

「もしよければ教えてほしいのだけれど（教えていただきたいのですが）」

「こんなこと聞いていいかどうかわからないけれど（わからないのですが）」

「これって聞いてもいいことかな（お聞きしてもよいことでしょうか）」

もちろん、ときには「それは言いたくない」という返事が返ってくることもあります。その場合にはさっと引きます。相手の顔色が曇ったり、言葉を濁したりするときも同様に、ぱっと流れを切り替えることも上手です。

状況に合わせてすぐに「引く」ことも意識できているからこそ、過度な遠慮なく相手と向き合えているとも言えますね。

しつこく詮索するのではなく、相手に純粋な興味を持つことは人間関係において大切なことです。相手はあなたが思うよりずっと、聞かれることを喜んでいたりもするものです。言葉を飲み込みすぎているかなと思ったら、「もしよければ」のスタンスで少しずつ出してみてはいかがでしょうか。

03 気がきく人は、関心を持って接する！

気がきく人は最後に何を言うかにこだわり、気がきかない人は最初に何を言うかにこだわる。

「まず結論から話そう」

「第一印象がもっとも大事」

このように言われたことがある方は、多いのではないでしょうか。

確かに、結論の見えない話はわかりにくいですし、第一印象がよくないとその人を好意的には受け止めにくくなります。だからこそ、「最初に言うこと」や「最初の印象」をきちんと意識することは、とても大切です。

その心がけに間違いはないのですが、実は人の印象に強く残るのは、最初だけではありません。

心理学の言葉に、「**新近効果**」というものがあります。アメリカの心理学者ノーマン・H・アンダーソンが提唱した「最後に抱いた印象が、その後の情報の評価に影響を与える」というものです。

この影響から、「最後に何を言うか」を疎かにしてしまうと、勘違いやすれ違いを生んでしまうことも少なくありません。

「最初」の印象は、その後の流れでフォローされることもありますが、「最後」の印象はずっと残り続けてしまいます。

つまり、言葉も「最後」に言ったことの方が、より相手の印象に残りやすいのです。

例えば、人を紹介するとき、どちらの紹介の方がより優しそうに感じますか？

A　頑固だけれど優しい

B　優しいけれど頑固

おそらく多くの人が「A」と答えるのではないでしょうか。どちらも「優しさ」と「頑固さ」を同じくらい持ち合わせていたとしても、後にくる言葉の印象の方が強く残りやすくなります。

だからこそ、気がきく人は、最初よりも「最後に何を言うか」にこだわっています。

もっとも印象に残してほしい言葉を、最後にしっかり伝えているのです。

以前、取引先の方をとあるイベントにお誘いしたとき、その方が最後にこう言いました。

「今日はありがとう。とても楽しかったけど、ちょっと疲れたねえ。じゃあまた」

「とても楽しかった」「ちょっと疲れた」と言っているのですが、「とても」なのか「ちょっと」なのかに関係なく、「疲れた」という言葉が強く印象に残り、残念な気持ちと申し訳ない気持ちが湧いてきました。

それ以降、その人をお誘いするのは気が引けて、声がかけにくくなってしまいました。同じことでも、こう言われていたらまた違っていたかもしれません。

04
気がきく人は、最後に一番大事なメッセージを伝える!

「今日はありがとう。ちょっと疲れはしたけれど、とても楽しかった。またぜひ!」

疲れたということもきちんと伝えてはいるのですが、受け取る印象としては「楽しかった」「また行きたい」という方が強く残り、次もまた誘いやすくなりますよね。

言葉というのは、小さな出し方の違いが、大きな受け取り方の違いを生みます。

最初の印象も大事ですが、最後の印象がもっとも強く、そして相手の中に長く残ります。もっとも伝えたい言葉、もっとも受け取ってほしいものこそ、意識して最後にしっかり渡していきましょう。

05
気がきく人は「間」を意識して、
気がきかない人は「次に何を話すか」を考える。

〝話がつまらない〟というのは、人づきあいにおいて大きなマイナス要素とされています。婚活事業をしている友人は、「おたがいに顔もスタイルも好みなのにも関わらず、成婚とならないパターンの大きな理由の1つが、話がつまらないこと」と言っていました。

〝話がつまらない〟というと、「話の内容」がつまらないのだと解釈されがちです。そこをなんとかしようと、話題探しばかりに気を取られがちですが、実は「話し方」も大きな要素を担っています。

特に、「間のない」話し方は会話を続けづらくさせるため、聞き手はつまらなく感じます。「間」を取らないせいで一本調子かつ一方的になり、相手が口を挟めない状態を作りだします。聞き手は「はい」「ええ」「ふーん」といった相槌しか口にすることができません。間のない話し方は、結果的に相手を「相槌を打つ係」として扱っていることになります。

間を取るのが苦手な人は、実は間を怖がっていることも多いものです。おたがいに黙ってしまい、会話が途切れることを極端に恐れ、「自分が何か話さなければ」と思うあまりに次々と話し続けているといったことがよくあります。

気がきく人は、間を怖がりません。むしろ、あえて間を取りながら、丁寧な会話を心がけています。

コールセンターでの仕事をしていたときに、剣道有段者でもあった上司にこんなことを言われました。

「お客さまとの信頼感を育てるには、〝間〟を意識しろ。相手と向き合うというのは、〝間〟を共有するということだ。相手が黙ったからといって焦るな。それは考える間や、整理の間であったりもする。待つことも大事な思いやりだよ」

つい焦って一方的にまくし立てていた私は、「**間は思いやり**」という言葉が強く印象に残り、それ以来、間を意識して取るようにしました。そうしているうちに、間を置くことによって、相手のことをよりきちんと考えられるようになったことに気づいたのです。間を取ることで、徐々に相手の背景や想いに意識を向けられるようになりました。そうやって落ち着いて丁寧に接することで、こちらから引っ張り出さずとも、相手からどんどん話してくれることが増えていきました。

例えば、商品説明の場面では、相手の方から質問や要望を伝えてくれることがぐっと増え、購入率もリピート率も格段にアップしたのです。

間がない話し方をしていたときにつねに考えていたのは、「次に何を話すか」であり、それはつまり、意識がつねに自分に向いているということです。自分のことばかり考えながら話をされたら、聞き手にとっては〝つまらない〟ですよね。

05 気がきく人は、あえて「間」を置く！

〝話がつまらない〟と思われないようにするためには、もちろん間だけではなく、「話の内容」のことも忘れてはいけません。「自慢話」「人の噂話や悪口」「愚痴や文句」「自分語り」は、つまらない話の典型とされています。

こういう話は、言った本人だけは言いたいことを言ってスッキリし、むしろ気分がよくなることも少なくないのが厄介なところです。相手に距離を置かれてしまってから、「あんなに楽しかったのになんで？」と思っていたりします。

大切なのは、おたがいの〝耳が喜ぶ会話〟をすることです。

気持ちのいい人づきあいを望むなら、間に心を配って相手に意識を向け、耳に優しい話題を選んでいきましょう。

06

気がきく人は感想を3回伝え、気がきかない人は1回伝えて満足する。

あなたは、嬉しいことやワクワクすることがあったとき、それを周りの人に伝えていますか？

「楽しかった」「美味しかった」という感想ならしっかり伝えている人も多いのではないでしょうか。もちろんそれも大事なことです。

けれども、**気がきく人は、感想を1回伝えて満足せずに、3段階で伝えています。その出来事の「前」「中」「後」の3回で、感想を伝えているのです。**

何かに誘われたら、

前「楽しそう！」

中「楽しい！」
後「楽しかった！」

ご飯を一緒に食べるときは、
前「美味しそう！」
中「美味しい！」
後「美味しかった！」

特に忘れがちなのは、「中」の部分です。
どんなにあなたが楽しんでいても、美味しく食べていても、誘った側は不安を感じていたりします。「本当に楽しんでくれているかな」「本当に口に合っているのかな」。そんな考えが頭の中をグルグルしていることもあります。
そこで一言、「美味しい！」という言葉があれば、相手はとても安心しますし「誘ってよかった」と確信ができて、嬉しくなるのです。

取引先の社員の方に、これをいつも自然にやってくれる人がいます。

打ち合わせに行く話をすると、「お会いできることを楽しみにしています」と言ってくれるのです。楽しみにしてくれている人に会いに行くのは、こちらにとっても楽しみになります。さらに、いざ伺うと「お会いできて嬉しいです！」と喜んでくれて、終わってから帰ると「今日はお話しできて嬉しかったです」というメールを送ってくれます。

こうして続けて書くと少々くどいように思えるかもしれませんが、実際には「前」「中」「後」の間には時間が空いているので、まったくしつこく感じません。むしろ、「本当に喜んでくれていたのだなぁ」とますます嬉しくなりますし、その人のためにできることはないかという発想につながっていきます。

ここには、心理学でいうところの「**返報性の原理**」が働いています。これは、人は他人から好意や恩を受けると、それをお返ししたいという気持ちになることです。好意だけではなく、敵意や譲歩、自己開示などにも働くと言われています。

自分に向けられたものと同じもの、またはそれ以上のものを返したくなるのが人の心理です。気がきく人は、相手のことを考えて好意を積極的に伝えるので、それ以上の好意を受け取ることも自然と多くなります。

「嬉しかったです」という感想1つだけでも、何も言わないよりはずっといいです。でも、その前段や後段がないと、本音というより「とってつけた言葉」のように聞こえてしまうこともあります。残念ながら、そのような言葉に人は深い感謝や喜びを感じたり、心を動かされたりすることはありません。

1回のみの感想が食パンだとすると、3段階の感想はサンドイッチです。食パンだけでも美味しくいただけますが、サンドイッチならより中身が詰まっていて、より美味しくなりますよね。3段階の伝え方で、言葉を美味しいサンドイッチにしていきましょう。

06 気がきく人は、前段と後段も大切にする！

07

気がきく人は「♪」をつけて、気がきかない人は「…」をつける。

あなたは、メールやSNSを使うときに、絵文字や記号を使いますか？

ここでお伝えしたいのは、絵文字を使うことがいい・悪いという話ではありません。絵文字1つで伝わり方に大きな影響が生まれるということです。

試しに、次の言葉を声に出して読んでみてください。


「ありがとう」

「ありがとう♪」

「ありがとう(^^)」


言葉自体は同じですが、その後についているものがあるかないか、どんなものがついているかで、読み方は自然と変わっているのではないでしょうか。

気がきく人は、ここをうまく活用しています。料理に隠し味を加えるように、言葉に音符を加えているのです。

よく話し方のスキルでは、「〝ソ〟の音で話しましょう」と言われています。明るさや聞き取りやすさから〝ソ〟の音がもっとも好印象であるため、特に第一声をその音から発声することが推奨されています。ところが、〝ソ〟の音は思っている以上に高いと感じることが多く、「うまくできません」とおっしゃる人も多いです。

ここで言う**「音符をつける」というのは、〝ソ〟の音にするというように「音を作る」ことではなく、「弾みをつける」ことです。**

実際、気がきく人が、いつも必ず〝ソ〟の音で話しているわけではありません。仮に、声が低い〝ド〟の音であっても、そこに弾みをつけることで明るさを生み出すことを大事にしています。

ある外資系の銀行で受付をしていたときのことです。

受付には毎日たくさんの郵便物が届くのですが、その郵便物の仕分けと配布を担当しているAさんというスタッフがいました。多言語に堪能で、いつも朗らか。彼がいるだけで場が明るくなり、職場の仲間からとても愛されていました。

彼の声は、どちらかというと低めで濁声。決して聞き取りやすいわけではありません。けれども、彼が「おはよう♪」と挨拶するだけでみんなが笑顔になる、そんな光景が毎日のように見られました。


受付は会社の窓口ということもあって、社内外の様々な情報が入ってきます。Aさんのように愛されている人の情報も、逆の情報も耳にします。

中でも、しょっちゅう「暗い」「苦手」「近寄り難い」と噂されているBさんがいました。受付から電話をつなぐ際も、「はい……」「わかりました……」といつも消え入るように話す人でした。

仕事は高く評価されていて、困ったときには手を貸してくれることもあり、悪い人ではありません。声だけで言えば、〝ソ〟に近い音でもありました。ただ、語尾に「…」がつく話し方が、人を遠ざけてしまっているようでした。

消え入るような話し方は、不安定で暗く冷たい印象を作り、周りの人に壁を感じさせてしまうのです。

声を無理に作らなくても、挨拶やちょっとした声がけなど、ポイントとなる言葉に「♪」をつけるイメージを持って話すだけで、自然と表情も雰囲気も明るくなっていきます。まずは明日の朝の挨拶から、意識してみませんか？

07 気がきく人は、音符を使う！

気がきく人は肯定形で話し、気がきかない人は否定形で話す。

「絶対遅れるなよ！」

「余裕を持って5分前には来てくれませんか」


あなたなら、どちらの方が言われたときに気持ちがいいと感じますか？

おそらく、ほとんどの人が後者の言い方を選ぶのではないかと思います。


心理学の言葉に「**自己効力感**」というものがあります。カナダの心理学者アルバート・バンデューラが提唱したもので、「自分にはできる」と信じる力のことを言います。

自己効力感が高いほど、不安や恐れを感じにくく、積極的に努力・行動しやすいとされています。つまり、人が前向きに行動を起こすには、その根底に「自分にはできる」という自信を持つことが必要なのです。

気がきく人はここをきちんと理解して、相手が前向きに動けるような伝え方を心がけています。

「できないこと」「しないでほしいこと」を押しつけるのではなく、**「できること」「してほしいこと」を言葉にすることで、前向きな行動を起こしやすくしているのです。**

ある観光地でこんな光景を目にしたことがあります。

メインストリートに、同じような店構えで、同じようなメニューを並べている2軒のレストランがありました。でも、片方の店は明らかに観光客で賑わっているのに、もう一方はまばら。

不思議に思って近寄ってみると、その理由がすぐわかりました。入り口付近に貼ってある張り紙の内容が、大きく違っていたのです。

賑わっている方は「お子様連れ歓迎！」「喫煙スペースあります」「苦手な食材は除いて調理可能です」などと書かれているのに対し、まばらな方は、「クレジットカード不可」

「店内では騒がないでください」「全席禁煙」などと一面に書かれていました。

まばらな店が張り出している内容が間違っているわけではありません。支払いを現金のみとするのは自由だし、店内で騒がれるのは他のお客さまに迷惑なのもわかります。

けれども、命令的・否定的で押しつける言い方には、「この店に入って言いつけをすべて守ることができる」とは思いにくく、押しつけに対して不愉快に感じたり、窮屈な印象を持ったりしてしまいます。

できないことを並べるより、できることを並べた方が、前向きな行動につながります。

例えば、「飲食禁止」と伝えたいとしましょう。そのままの言い方では、「禁止」を押しつける言い方になります。

次のように言い換えてみるとどうでしょうか。

「飲食はあちらのスペースでしていただけます」

この言い方なら、「あちらに移動することはできる。ではあっちで食べよう」と素直に動いてくれる可能性が高くなります。

人間関係で問題を起こしやすい人が、よく「どうしてあの人はこちらの思うように動けないのでしょうか」とおっしゃいます。よく話を聞くと、押しつけや強制で失敗しているケースがほとんどです。「ああしろ」「これをするな」といったメッセージを連発して、相手の行動をむしろ阻害してしまっているのですね。それでは、〝動けない〟のではなく、〝動かない〟のです。

相手が言葉を気持ちよく受け取り動いてくれたら、実は一番気持ちいいのは伝えた側です。自分の言葉の結果はすべて自分に跳ね返ってきます。相手のためだけではなく、自分のためにも、言葉に心を配っていきましょう。

08
気がきく人は、できることを言う！

09

気がきく人は主語を使い分け、気がきかない人はいつも自分を主語にする。

「**アイ・メッセージ**」「**ユー・メッセージ**」という言葉を聞いたことがありますか？

アメリカの臨床心理学博士であるトマス・ゴードンが、『親業』（近藤千恵訳、大和書房）の中で提唱したコミュニケーション手法です。

「アイ・メッセージ」は「私（I）」を主語にした伝え方です。相手を非難・否定するような印象なく、自分の思いを表現することができます。

対して、「ユー・メッセージ」は「あなた（You）」を主語にした伝え方です。相手の行動や言動などを中心に置くので、否定的・命令的に響きやすく、責める印象が強くなるとされています。

次のように、具体的なセリフで比べてみると、同じ内容でも主語によって印象が大きく変わることがわかると思います。

アイ・メッセージ「私は、あなたがもっとメンバーとコミュニケーションを取れば仕事がうまくいくと思う」

ユー・メッセージ「あなたが、もっとメンバーとコミュニケーションを取らないから仕事がうまくいかないんだ」

これだけ聞くと、「アイ・メッセージ」を使う方がコミュニケーションには有効であると感じますよね。もちろんそこに間違いはなく、実際に多くのコミュニケーションの場面でおすすめされています。

けれども、どんなにいいと思えるものでも、デメリットは存在します。

「アイ・メッセージ」は確かに柔らかく、相手を尊重する言い方ではあります。ただその反面、遠回しになって肝心な部分が伝わりにくかったり、指示したいのにできないという弱気な印象ばかりが伝わってしまったりすることも起こります。

「ユー・メッセージ」も同じです。どちらかというとデメリットを説明されることが多いですが、もちろんメリットもあります。指示・指導や依頼などをするシーンでは、内容がクリアに伝わり、メッセージの向け先が明らかになるので受け取りやすくなります。

気がきく人は、この両面をしっかり理解していて、主語を効果的に使い分けています。印象を大事にしつつも「何を伝えたいのか」が明確になるように伝えることを意識しているのです。

とある建設会社に研修の打ち合わせに伺ったときのことです。ご担当者様とその上司の方の2人が対応してくれました。途中で彼らが次のように話す場面があったのですが、聞いていてなんとなく歯痒いような、すっきりしないものを感じることが度々ありました。

上司「あれはどうなってたっけ?」
部下「あ、まだ確認取れていません」
上司「早くしてくれるとありがたいんだけど」
部下「はい」

上司「今日中にはわかるといいなぁ」
部下「そうですね」
上司「そんな他人事みたいでは困るんだけどなぁ」
部下「別に他人事とは思ってません」

上司の言葉はどこか独り言のようでもあり、奥歯に物が挟まったようなやりとりをしながら、おたがいがだんだんイライラしてきている様子も見て取れました。こういうシーンなら、上司が「そこはあなたが責任持って、期限を決めてやっておいて」とスパッと言った方が、部下も動きやすいのではないでしょうか。

主語の置き方は、〝**どちらに置けばちゃんと相手に届くか**〟を軸にして、使い分けるようにしていきましょう。

09 気がきく人は、「印象」も「伝わりやすさ」も大事にする！

10

気がきく人は一文字にこだわり、気がきかない人は頭に浮かんだ言葉をそのまま話す。

普段の会話において、私たちはかなり反射的に言葉を選んでいます。多くの場合、そこに意図的な理由はなく、「言い慣れているから」「頭に浮かんだから」という理由から無意識に言葉を選んで会話をしています。

ところが、言葉というものは選び方をちょっと変えるだけで、会話の進め方を大きく変えてしまいます。何気なく使っていると、思いがけない方向にいき、誤解を生み出すことも少なくありません。

日本という国は、世界一ハイコンテクストな文化を持っていると言われています。「コンテクスト」とは「文脈」という意味です。「行間を読む」「空気を読む」といった言い方に表されるような、言語外の要素に重きを置いた文化、ということです。

こうした文化の中でよりよいコミュニケーションを取るには、言葉そのものだけではない部分にも意識を向ける必要があります。


では、気がきく人はどこに気をつけているのでしょうか。

そのポイントの1つが、**「ニュアンス」**にあります。


「ニュアンス」には2つの種類があります。〝ポジティブニュアンス〟と〝ネガティブニュアンス〟です。私はこれを、〝陽のあたる言い方〟と〝陰になる言い方〟とお伝えしています。日向と日陰では温度も明るさも異なるように、言葉にも「温かさ・明るさ」や「冷たさ・暗さ」があるのです。


例えば、あなたが何かを頼まれたとして、どちらの言葉の方が素直に聞けますか？

「あなたでいいからお願い」

「あなたがいいからお願い」

言葉上はたったの一文字ですが、受ける印象はかなり違いますよね。

「あなたでいい」の「で」には、諦めのニュアンスが含まれます。**受け取る方は、言葉の意味よりニュアンスを受け取ることで不愉快な感情が生まれ、行動もそちらに引っ張られやすくなります。**

気がきく人は、この言葉選びをしっかり意識的に行っています。

言葉だけではなく、そこに含まれるニュアンスにも気に留めて、邪魔になるものは言い換えるようにしています。

例えばあなたが営業職で、お客さまにA、B、Cの3つの商品を紹介するとしましょう。これを説明する際に、

「ABCとあるのですが、今のお話を聞く限り、Aでいいと思いますよ」

と伝えると、相手からは高確率で「そうですか……もう少し考えてみます」と返ってきます。なぜなら、不安になるからです。説明する人（プロ）が、「Aでいい」と少し陰を感じる言い方をしたことで、それを選んでいいのか自信を持てなくなってしまうのです。

これは、伝える側が相手からその言葉を引き出してしまっているとも言えます。

「ＡＢＣとあるのですが、今のお話を聞く限り、Ａがいいと思いますよ」

たった一文字を変えているだけですが、この方が、Ａのよさやそれをすすめる人の自信が伝わります。それが安心感となり「それにしてみようかな」という気持ちや行動につながりやすくなるのです。


ほんの一文字が大きな力を持つのが日本語です。

言葉選びはニュアンス選び。一文字にこだわって、ニュアンスを味方につけましょう。

10 気がきく人は、言葉に陽をあてる！

11
気がきく人は話を自然と振り、気がきかない人は話を無意識に奪う。

会話はキャッチボールと言われます。ボールを持っている側が「話す人」で、ボールを受け取る側が「聞く人」。話す人がボールを投げ、聞く人がそれを受け取ると、今度は役割が逆になる。それを繰り返すことで会話が成立していきます。

ところが、話す人がボールを投げる前にそれをもぎ取ったり、聞く人が取ろうとしているボールを横から奪い取ったりする人がいます。こういう人は「会話泥棒」と呼ばれます。

一度や二度ならまだしも、これが繰り返されると、奪われる方はたまりません。言いたかったことが言えず、聞きたかったことが聞けず、ストレスが溜まっていきます。

とはいえ、そこでそれを指摘したり、自分のストレスを伝えたりすることで場の空気を壊すことを心配するために、何も言えずにいることも多いものです。

例えば、旅行の話になり、一人が「今度、北海道に行くんだ」と言ったとしましょう。

ここで、会話泥棒になりやすい人はこんな風に返します。

「あ、私もこの間行ってきた！　私が行ったときはとても天気がよくてさ……」

その後は、自分の北海道旅行の話が延々と続きます。

さらに残念なことに、会話泥棒をしている人は、自分が奪っているとは気づいていないことがほとんどです。奪われる側が何も言わない（正確には「言えない」ことが多いのですが）ので、自分の話に喜んでくれていると思い込んでしまい、さらに嬉しくなって止まらなくなる、という悪循環に陥っていきます。

「話し上手は聞き上手」という言葉がありますが、気がきく人はしっかり相手の話を聞き、自分に飛んできたボールに対してきちんと反応します。

相手の話の途中で言いたいことが生まれても、会話の区切りまで待ち、受け取ったボー

ルをもう一度相手に渡すことも忘れません。

先ほどの例で言うと、自分が北海道に行ったばかりだとしても、こう返します。

「北海道いいね、いつ行くの？　どこに行く予定？」

あくまでも相手の話を主体にします。

もちろん、相手主体とはいえ、自分の話をまったくしないわけではありません。自分の話も適度に入れながら、きちんと相手に話を振っていきます。

「私も先日そこに行ったのだけれど、景色がとてもよかったよ。そこにはどのくらい滞在するの？　ゆっくりできそう？」

といったように、最後はしっかり相手にボールを渡します。

気がきかない人は、こういったことをまったく意識せず、奪った話を奪いっぱなしにするだけではなく、相手の話を中途半端にさせたまま次の話題に移ってしまったりします。

相手が何も言わないからといって安心していると、気分を害した相手からだんだんと距離を置かれてしまうかもしれません。

話を奪わずに振れるようになるためには、ボールが今どこにあるのかを意識することが大切です。

ボールをマイクに置き換えてイメージするとわかりやすくなります。自分が発言したら、持っているマイクをまず相手に向け、相手が話し始めたら一旦マイクごと相手に渡します。相手に差し出されてからまたマイクを受け取って自分が話し、話し終わったら相手にまた渡していくということを繰り返すのです。

「**あなたは？**」と質問するのも有効です。自分の話だけで終わらせず、最後に「あなたは？」と言うようにすると、自然と相手に話を振ることができます。これは会話泥棒を防ぐだけではなく、会話が続かなくて困ってしまう場面でも活かせます。

「何を話そう」と悩むより、「あなたは？」と振ってみると、会話が弾むきっかけにもなります。話を「する」だけではなく「振る」ことも考えるようにしましょう。

11　気がきく人は、マイクを向ける！

第 2 章

振る舞い方編

12 気がきく人はパントマイムで伝え、気がきかない人はジェスチャーで伝える。

何かを伝えようと思ったとき、あなたが真っ先に考えるのは何でしょうか？
研修などでこれを聞くと、「何を言うか」と答える方が多くいらっしゃいます。多くの人が、伝えたい内容をわかりやすい言葉にまとめて組み立てる、といったことを一生懸命行っています。

以前学生のスピーチトレーニングを頼まれたとき、原稿作りだけに時間を使って、言葉遣いや組み立てばかり質問してくる学生がいました。「原稿にこだわるのもいいけれど、これをどう表現するかについて少しはイメージしている？」と聞いてみたら、ポカンとしていました。

いくらしっかり作り込まれた完璧な言葉でも、それを無表情で微動だにせず、ただ言うだけでは、単なる「伝達」の枠を出ません。

人づきあいの中心は「会話」です。感情や思考を、言葉だけではなく身体の表現力を使っておたがいにやりとりすることを繰り返し、おたがいを理解していくその過程がもっとも重要です。

例えるならば、「伝達」はニュースで、「会話」はドラマ。人づきあいにおいて**相手が知りたいと思っているのは、言葉の意味や内容だけではなく、その人自身**なのです。

気がきく人ほど、自分を伝えることを大事に「会話」を意識して表現しています。言葉だけをきれいに並べ立てるのではなく、身体全体で伝えた方が、言葉がよりイキイキとし、「その人らしさ」も伴って相手にわかりやすく伝わっていくからです。

とはいえ、むやみやたらに動きを加えればいいということではありません。大事なのは「動く」ことではなく、「表現する」ことです。

表現において、話し方や伝え方の本やセミナーでは、よく「ジェスチャーをうまく使いましょう」と言われています。確かにジェスチャーは視覚的に伝えることにおいて有効です。けれども、実は「表現する」という意味では少し物足りない部分があります。

私の大学卒業論文のテーマは「大道芸」です。大道芸人の歴史やパフォーマンスの種類や構造、大道芸が与えている社会的影響力などについてまとめました。

論文を書くにあたり、様々な芸を持つ現役の大道芸人の方々にインタビューにも行きました。その際に、パントマイム芸を得意とする方とお話する機会があり、こんなことを教えてもらいました。

「ジェスチャーとパントマイムは、似ているようで異なるもの。ジェスチャーは〝状況説明〟であり、パントマイムは〝感情表現〟。例えばジャスチャーが大きさ・数・形・状況を表しているのに対して、パントマイムはその状況における感情を表現している」

これは、例えばコップを表すとき、ジェスチャーではコップの大きさや形、水の量などを身振り手振りで伝えていき、パントマイムではそのコップを持ったときの感情（喜び・

驚き・興味など）を、コップを持つという状況を通して表現するということです。

「その人らしさ」というのは、状況説明よりも感情表現を通してより伝わっていきます。ですから、気がきく人ほど、パントマイムの要素をより大事にした身体表現をします。それは特に感情を伝える際に顕著に現れます。

例えば、**嬉しさを伝えるときにはガッツポーズをしたり、残念さを表現するときにはがっくりと肩を落として見せたり、やる気を伝えるときには腕まくりをする仕草をしたり**、こういった〝表現〟を加えながら伝えます。その動きが、言葉に力を与え、より魅力的に相手に伝わっていくのです。

12 気がきく人は、パントマイムで表現する！

相手に何かを伝えたいときに必要なのは、単なる説明ではなく感情の共有です。感情に合わせて少し動きを入れてみるだけで、伝わり方が変わりますよ。

13 気がきく人は手を止めて話を聞き、気がきかない人はながら聞きをする。

大学時代、演技の授業のときに、「動きがうるさい」と注意されることがありました。「うるさい」というと声や音など、耳が感じるものというイメージが強いですが、目で感じる場合もあります。

文章に句読点があるように、動作にも区切りをしっかりつけることで、気持ちを向ける先が明確になり、うっかりミスや誤解が生まれにくくなります。それが相手には信頼感や安心感となって映ります。

そのため、**今はどの動きに集中するか**、気がきく人ほどここを大事にしています。

私たちは、やろうと思えば複数の動作を同時にすることができます。爪を切りながら電話をする、料理をしながらドラマを見る、このようなことが形としてはできてしまいます。

〝形として〟という言葉を使ったのは、それができるからといって中身が伴っているとは限らないからです。

爪を切りながら聞いた話は、大事なところを聞き逃しているかもしれません。料理をしながら見たドラマの内容は、登場人物の細かい心理描写まで理解できていないかもしれません。

形としてできているからといって、本当の意味でできているとは言えないのです。

気がきかない人は、形としてできていることに安心して、もっと言えば「時間短縮になる」とすら考え、複数のことを同時にこなそうとします。その結果、すべてに気をかけているようでいて、何1つしっかり向き合えていない状態を作り上げてしまいます。

実は相手はそれを簡単に見抜きますから、「こういう人には大事な話はしない」と考えるようになります。結果的に、表面だけのつきあいになりやすくなってしまうのです。

では、**気がきく人はどうしているのかというと、１つひとつの動きに丁寧に向き合うことを大事にしています。**電話をするときは極力他の動きを止めて話に集中し、料理をする時間とテレビを見る時間を分けて使います。人の話を聞くときは、途中でメールの通知音が鳴っても、メールを開くのを後にして最後まで話に向き合います。もちろん急ぎの対応が必要な電話やメールが入ってくることもありますが、そういうときは相手に一声かけて、話をきちんと止めてから対応します。

つまり、「ながら動作」をしないのです。何かをしながら別の何かをするから、動きが散漫になり、うるさくなって落ち着かなくなってしまいます。

とはいえ、無意識の行動であるために、自分が「ながら動作」をしていることに気づいてすらいないこともよくあります。

これを止めるためにすぐにできることとしては、目の前に相手がいるときには、**そこにいない別の誰かとつながる機器（パソコンやスマホ）を閉じる、またはしまうということから意識してみましょう。**

13 気がきく人は、1つの動きに集中する！

先日、とある友人Aとカフェで待ち合わせをしました。先に着いてスマホを眺めながら待っていた友人は、私が席に着くと同時にまずそれをカバンにしまいました。何気ない小さな行動ですが、私は自分を優先・尊重してくれたように感じ、それだけでちょっと嬉しい気分になりました。

別の友人Bは、つねにスマホを机の上に置くタイプです。しょっちゅう通知が届き、その度に携帯を確認していました。そのため何度も会話が中断されてしまい、とても話しにくく、話しながらだんだんストレスを感じていく自分がいました。

忙しい世の中、どうしてもやることが増えて、動くことより止めることの方が難しくなってきています。だからこそ、しっかり止めることができることが大きな魅力になるのです。

まずは人と会うときに、スマホをカバンにしまうことから始めてみませんか？

14

気がきく人は自ら笑い、気がきかない人は相手を笑わせようとする。

誰かと一緒にいるときに、「何か面白いことを言わなければ」と思ってつい頑張ってしまうことはありませんか?

相手を楽しませたいという気持ちは大事ですし、気のきいた面白いことを言おうとすることが悪いわけではありません。

ただ、〝面白い〟というのはとても主観的な感情で、何に対して感じるかというのは実に人それぞれです。

イギリスに演劇留学をしていたとき、イギリス人とコメディー映画を観に行ったら、おたがいの笑うポイントがまったく違っていて驚いたことがありました。私が笑うところで友人はクスリともせず、友人が大笑いしているところが私には何が面白いのかさっぱりわかりませんでした。もともと違う人間で価値観が異なる上に、文化と言語も違えばこうも反応が変わるものなのかとしみじみ感じたものです。

相手がどんなことを面白いと感じるのかがわからないのに、「面白いことを言って笑わせる」なんてものすごくハードルの高いことです。

ところが、相手を笑わせようと必死に頑張って、上滑りしてしまっている人が少なくありません。

ある企業の新人研修に行ったときに、参加者の中にまさにこれで空回りしている男性・Aさんがいました。

新人研修の初日ですからほぼ全員が初対面。会場に入ると、40名ほどのメンバーが、いくつかのグループに分かれて緊張した面持ちで座っていました。

緊張をほぐすために、最初に自己紹介タイムを設けたのですが、その瞬間からAさんのスイッチがオンになりました。

「○○で～す♪　よろしくおねがいしまっす！　では早速ですが、ここで僕の得意なモノマネを披露したいと思います！」

といきなり某俳優のモノマネを披露したのです。似ていないわけではなかったのですが、同じチームメンバーの反応はかなり微妙でした。急な展開に戸惑って、Aさんにどう反応していいのか困ってしまったようです。Aさんは、思ったような反応が得られなかったことに焦ったのか、「なんだよ、みんな反応悪いな～」とつぶやきました。

助け舟を出そうかと思った瞬間に、もう一人の男性・Bさんが声を上げました。

「Aさんのおかげでちょっと緊張がほぐれたので、次は僕でもいいですか？　さっきのモノマネの俳優、僕好きなんですよ。彼が出ていたドラマで一番好きなのがあるのだけれど、そうだ、あのセリフやってくれない？」

Aさんにそう言い、Aさんが再度モノマネしながらそれを言ってみせると、手を叩いて喜びながら、「ありがとう、ありがとう！　めちゃ満足！」といってケタケタ笑いました。

その様子に、チームメンバーもつられて笑顔になり、その後はおたがいにさらに打ち解けていきながら、研修中はとてもいいチームワークを発揮してくれたのです。

14 気がきく人は、楽しむことを大事にする！

人を笑わせるのは大変難しいことですが、自分が笑うことはすぐにでもできます。

気がきく人は、人を無理に笑わせようとは思っていないものです。
それよりも、まず自らが積極的に楽しみながら笑顔でいることを大事にしており、その笑顔に惹かれて自然と人が集まってくるのです。

「笑わせるにはどうしたらいいいか」と悩むより、「いかに楽しむか」を大事にすると、周りの人も楽しい気分になり、自然と人づきあいがスムーズになっていきます。

15

気がきく人は自然な表情を意識し、気がきかない人は笑顔だけを意識する。

コミュニケーションにおいて、もっともよくない表情は無表情とされており、笑顔を心がけることが推奨されています。

確かに、笑顔には安心感を生み出す力がありますし、無表情の人よりも笑顔の人と一緒にいる方が居心地がいいです。

そういった部分だけを考えれば、笑顔はもっとも好ましい表情です。

とはいえ、気をつけたいのは、いつでも笑顔でいればいいというわけではないことです。

口角を上げ目尻を下げる表情を「笑顔」と人は認識しますが、笑顔にも種類があります。自然な笑顔は心地よさをもたらしますが、中には不快感を作り出す笑顔もあります。例えば、「嘲笑」「作り笑い」「ひきつり笑い」「張り付いた笑顔」などが代表的です。こうした笑顔の違いを理解することが、気がきくということでもあります。

不快感につながる笑顔に共通するのは、〝不自然さ〟です。

自然な笑顔が気持ちを伴って表れる表情なら、不自然な笑顔は頭で一生懸命作り出している形だけの笑顔です。同じ「笑顔」でも、不自然な笑顔は違和感、不信感、不快感を生み出すきっかけとなりやすく、だんだん人が離れていってしまいます。

気がきく人が自然な笑顔を大事にするのは、無理な笑顔が相手の居心地の悪さを生み出してしまうことを知っているからです。

私の講演に参加してくれた方で、コミュニケーションの悩みを直接相談しに来てくださった方がいました。なかなか一歩踏み込んだ人間関係を作ることができないというご相談でした。自分から歩み寄るようにしているし、コミュニケーションスキルも活用するようにしているのに、どうにも相手から距離を置かれてしまうのが哀しい、と言うのです。

彼女の話をじっくりと聞きながら、ふと気づいたことがありました。仕事のことや家庭のこと、楽しかったことや辛かったこと、様々な話をされるのですが、つねに笑顔なのです。

最初はとてもきれいで感じのいい人だなと思っていたのですが、笑顔がまったく崩れないことがだんだん違和感に変わっていきました。笑顔が顔に表れているというより、笑顔を顔に張り付けているような感じなのです。

私が話している間も笑顔で頷いてくれるのですが、張り付いた笑顔に、なんとなく子ども扱いされているような、適当にあしらわれているような気がしてきて、少し嫌な気分を感じるようになっていきました。

彼女に「自分が話している姿を、客観的に見たことはありますか?」と聞いてみました。ないとのことだったので、試しに会話中の姿を録画して、その映像を一緒に見て感想を聞いてみると、「私、こんなに気取って見えるんですね、これは、嫌だなぁ……」と意外そうにつぶやいていました。

15 気がきく人は、自然な笑顔を大事にする！

その方には、無理に笑おうとするのではなく、自然に任せることをおすすめしました。そのためには、**自分の顔ばかりではなく相手の顔にもっと注目することが必要**です。相手の表情に合わせて自分の表情も変えてみるようにしましょう。

相手が笑顔ならこちらも笑顔になり、相手が困った顔をしたらこちらも同じようにする。それを続けていくと顔の筋肉が動くようになって、自然な表情になるだけではなく、相手との共感性も高めることができ、コミュニケーションにもっと表情を活かすことができるようになります。

16

気がきく人は手を広げ、気がきかない人は手を隠す。

「握れば拳　開けば掌（てのひら）」

これは、〝同じものでも、気持ちや心の持ちようによって変化する〟という意味のことわざです。「手」であることは同じなのですが、それを握れば相手を傷つける拳にもなり、開けば優しく包む掌にもなります。

顔に表情があるように、手にも表情があります。

手話に代表されるように、手で言葉そのものを紡ぐこともできますし、ボディーランゲージの多くが手を使って行われています。

私たちは多くのことを相手の表情から読み取っているため、顔が見えないと不安になります。

それと同じで、手も見えないと不安になるのです。ポケットに手を入れたままの人と話すと落ち着かないのも、これが原因です。

手そのものは見えていたとしても、それが強く握りしめられていると同じ感覚になります。握った手は攻撃を連想させることもあり、そんなつもりはなくても拒絶感や敵意として相手に伝わっていくことがあるのです。

気がきく人は、積極的に手を、もっと言えば手のひらを相手に見せるようにしています。広げた手から、嘘偽りのないオープンな印象を伝えることを大事にしています。

とはいえ、わざとらしく手のひらを向けて机の上に置いたり、顔の横に広げたりするのはかえって不自然で、見ている方も落ち着きません。

では、どうしたらいいのでしょうか。

何かを「する」ことは、逆のことを「やめる」ということでもあります。つまり、**自然に手のひらを見せるには、まず手のひらが隠れる行動をやめればいいのです。**

・腕組みをする
・手を組んで置く
・頬杖をつく
・口を手で覆う
・ものを指すときに、指でさす

こういった行為は、失礼な印象を与えるというだけではなく、すべて手のひらが隠れる避けた方がいい行動です。これらをしないだけでも、相手を不安にさせることが少なくなります。

その上で、手のひらをもっとうまく使うために、気がきく人がしているのは次のようなことです。

・相手に話を振るときや、相手のことを話すときには、手のひらを上に向けて差し出す
・ボディーランゲージには、拍手や手を合わせるポーズ、ハイタッチなど、手を広げて行う動作を多く取り入れる

・手で数字を数える際は、指を一本ずつ折り畳む方ではなく、一本ずつ広げる方を使う

最後の数字の出し方は、プレゼンテーションや発表などの際にも使えます。

例えば「ポイントが５つあります。１つめは～、２つめは～」と言う際に、パーの状態にして親指から順に折っていくのではなく、グーの状態にして人差し指から順番に開いていくのです。話を追うごとに手がだんだん閉じていくより、だんだん開いていく方が、未来の可能性や広がりといった印象、そして手のひらからの安心感を伝えることができます。

「手の内を見せる」という言葉があるように、手には心が見えるものです。

手をうまく活用して、相手との間に信頼と安心の橋をかけていきましょう。

16　気がきく人は、手の見え方にもこだわる！

17

気がきく人は体を相手に向けて、気がきかない人は相手の視界に無理やり入る。

コミュニケーションの基本姿勢は「正対」です。つまり、「真正面で向き合う」ということです。

相手に対して正面を向けるということですが、これは顔だけのことを言っているのではありません。おへソを相手に向けること、つまり、〝体ごとしっかり相手に向けること〟を指しています。

以前、マナー研修でこの話をしていたときに、受講生の一人がこう言いました。

「私は真正面から向き合われるのが苦手で、怖いと思ってしまいます。私のような人も多いと思います。本当にそれがいい姿勢なのでしょうか」

確かに「真正面」というのは、威圧的な印象を与える、緊張感を生みやすい位置です。

これを「**スティンザー効果**」と呼ぶこともあります。アメリカの心理学者スティンザーが提唱したもので、相手との位置関係が生み出す心理状態を次のように表しています。

真正面＝反対意見が生まれやすい・敵対しやすい
横＝同感しやすい・味方になりやすい
斜め＝リラックスしやすい・意見の衝突が起こりにくい

実際に、カウンセリングの場などでは、相手と真正面から向き合わないように席を配置していることが多いです。真正面から見られることが苦手な人は少なくないのです。

ただ、コミュニケーションにおける「正対」とは、「真正面から向き合う」ではなく、「真正面で向き合う」ことを指します。

つまり、**もっとも意識するのは〝相手の正面〟ではなく〝自分の正面〟**ということです。

仮に相手がこちらを向いていなかったとしても、自分の心と体をしっかり相手の方に向けるということなのです。ですから、必ずしも正面同士で向き合っているとは限りません。

相手の正面にこだわると、「正対」ではなく「敵対」になることがあります。

映画などで、主人公が街中で敵などに絡まれるシーンで、絡んでくる相手が主人公を睨みながらわざと真正面に立ちはだかって難癖をつける、というのがありますよね。相手の真正面を取ることで、自分の存在感をアピールしているわけです。

職場に、対照的な2人の上司、AさんとBさんがいたことがあります。同じくらいのキャリアで同年代、仕事能力でもほぼ同じくらいだと評価されていたのですが、部下からの人気度と信頼度には明らかに大きな差がありました。

Aさんの元にはいつもたくさんの人が相談に来ていました。Aさんの机は、連休明けになると、色んな人が持ってくるお土産でいっぱいになっていました。

一方、Bさんの周りはいつも静かで、人が寄ってきているのをあまり見たことがありませんでした。

Bさんの口癖は「まずこっちを向けよ」でした。相手が資料に目を落としながら話していると、それを下から覗き込むようにして「誰に話してんの?」と言ってきます。その威圧感が怖くて、私も含め少し距離を置いている人がたくさんいました。

Aさんにはまったくそういうところがなく、どんな相手にでも、自分がその人の方を向くことをつねに意識している人でした。作業中でも、話しかけると必ず手を止めてこちらを向いてくれます。どんなときでも体と心で向き合うことを大事にして、〝気にかけてくれている〟ということが全身から伝わってくる、大きな安心感を持たせてくれる人でした。

「正対」を〝真正面からきっちり向き合う〟と考えると、窮屈な状態を作り出してしまいます。

どんな状況でも〝自分の体と心の意識を相手に向ける〟と捉え、相手と話すときはそんな「正対」を心がけるようにしましょう。

17 気がきく人は、真正面で向き合う!

18

気がきく人は頷きの深さにこだわり、気がきかない人は頷きの回数にこだわる。

会話は話し手主導で進むと思われがちですが、話のリード権というのは、実は話し手よりも聞き手が持っているものです。

私が行っている研修で、これを体感していただくワークがあります。

二人一組になって、一人が話し手、もう一人が聞き手になります。話し手の人は何を話してもOKです。聞き手の人は余計なことを考えず、話を聞く意識だけ持ってもらいます。ただし、聞き手には石になってもらいます。話し手以外の場所一点を見つめまったく動かず、頷きや相槌も一切せずに話を聞いてもらうのです。

この状態で話し手に話し始めてもらうと、ほとんどのケースで3分もたたずに話し手のトーンがどんどん下がり、話すのを止めてしまう人も出てきます。後で感想を聞くと、

「反応がないと話していて楽しくない」「本当に聞いてくれているのか不安になる」などの意見が多く出てきます。

聞き手に聞いてみると、内容はしっかり理解しており、相手の話をきちんと聞いているのです。それでも話し手はとても話しづらさを感じているのです。

つまり、**話を聞くにあたって、大事なのは「聞く意識を持つ」ことだけではないのです**。意識だけをいくら向けてくれていても、それが見た目にわからないと不安になり、話しづらくなってしまいます。

聞く意識が見た目にわかるサインの代表的なものが、「頷き」と「相槌」です。

特に頷きは、それがあるかないかだけで、話し手の状態が大きく変わってきます。

講師業を始めたころ、聴講者の中に「頷きパーソン」を見つけておくことが大事だと教わりました。いい研修・講演をするためには、話しながら自分が不安になるのは大きなマイナスになります。会場をよく見ていれば、一人くらいは頷きながら聞いてくれている人がいるもの。そういう人を早めに見つけ出し、不安になったらその人を見るようにすると、安心し落ち着いて話し続けることができるのです。

この頷きが話し手に与える影響力の強さを、気がきく人はよく理解しています。

ですから、自分が話を聞くときはいつもしっかり頷きながら聞いています。そこから生まれる安心感によって「あの人には話しやすい」と思われるようになり、相手から近づいてきてくれる関係性が生まれていきます。


ただし、頷きが大事といっても、ただ頷いていればいいというものではありません。頷きも度がすぎれば、「軽い」「適当にあしらっている」「聞いていない」といったマイナスの印象につながることがあります。

ある企業で新人教育を担当していたときに、Yさんという方が入ってきました。Yさんは明るくハツラツとした雰囲気で、何かを伝えるといつも元気よく返事をしてくれる人でした。けれども、周囲からの評価は「落ち着きがない」「チャラチャラしている」というものが多く、特に上司からは厳しく言われることが少なくありませんでした。

一番の問題は、Yさんの聞き方にありました。特に気になったのは、こちらが話している間中、細かくずっと頷き続けているのです。聞いているという姿勢はいいのですが、連続的な細かい頷きは、理解や共感というよりも、形としてとりあえずやっているように見えることもあるのです。Yさんにはまず頷きを必要最小限にする意識を持ってもらうことを伝え、徐々に改善していってもらいました。

いい頷きのポイントは、回数よりも深さです。気がきく人の頷きを見ていると、相槌としての頷きは浅く、理解と共感としての頷きは深く、と変えているのがわかります。**「、」のときには浅く、「。」のときには深く頷くイメージです。**

さらに言うと、「あえて頷かない」ことも大事にしています。

例えば、相手が謙遜で言ったことに、深く頷いたら傷つけてしまうこともありますよね。相手の自虐や謙遜には首をそっと横に振ったり、困ったような笑顔を見せたりするといったことが、頷きに変えられる反応の1つです。

「聞くには頷かないと！」ということだけに捉われず、「聞く＝相手に寄り添う」ということを大事にしていきましょう。

18 気がきく人は、頷きの数より質にこだわる！

第3章

気遣い編

19

気がきく人はクッション言葉を2回使い、気がきかない人はストレートに伝える。

クッション言葉は、ビジネスマナー研修などで敬語と一緒に学ぶことが多いです。その名の通り、クッションの役割を果たし、そのままではきつく聞こえてしまうことに、気遣いと敬意を加えることができます。

使われるシーンと具体的な言葉としては、主に次のようなものがあります。

・お願いするとき
「恐れ入りますが」「お手数ですが」「申し訳ございませんが」「ご面倒でなければ」
・お断りするとき
「申し訳ございませんが」「せっかくですが」「残念ながら」
・質問するとき

「もしよろしければ」「差し支えなければ」

・言いにくいことを言うとき

「申し上げにくいのですが」「差し出がましいようですが」「恐縮ではありますが」

その他にも、御礼を伝えるときの「おかげさまで」、本題に入るときの「早速ですが」など、様々な言い回しがあります。

クッション言葉は「ビジネス枕詞」とも言われますが、決してビジネスシーンに限定するものではありません。気持ちのいい人づきあいにおいて、こういう言葉の気遣いを持つことは日常においてもとても大事です。

「親しき仲にも礼儀あり」という言葉がありますが、どんなに近い間柄であっても、気遣いを持たない言葉や態度でいると、人間関係にはヒビが入りやすくなります。相手に対して「気を許す」というのは、「緊張を解き、心を開く」という意味であり、「気遣いをしない」ということではないのです。

実際に、人づきあいを長くいい状態に保っている人は、どんな場面・相手でも気遣いを忘れません。直接的な言い回しをなるべくせず、次のようにクッション言葉を適度に活用しながら会話しています。

・お願いするとき
「申し訳ないけど、これをやってもらっていい？　悪いね」
・お断りするとき
「残念だけど、ちょっと難しいな……申し訳ない」
・質問するとき
「もし知っていたらでいいんだけど、ちょっと聞いていい？　今、時間大丈夫？」

注目したいポイントは2つあります。「**丁寧すぎない**」こと、クッション言葉を言いたいことの前後に入れて「**サンドイッチ形式で使っている**」ことです。

クッション言葉のビジネス用途と日常用途の大きな違いは、丁寧さの度合いにあります。ビジネスシーンではより丁寧な方が好まれることが多いです。しかし、日常の場面では、その言い方をそのまま使うと窮屈に聞こえることもあるので、もう少し柔らかい方が好まれます。「大変申し訳ないのですが」は「申し訳ないけど」くらいでいいですし、「誠に残念ではありますが」は「残念だけど」くらいが丁度いいです。

そして、「サンドイッチ形式」にすることで、より印象が柔らかくなります。第1章でもお伝えしたように、後にくる言葉の印象は前に言ったものよりも強く残りやすいからです。クッション言葉もサンドイッチにすることで、その効果を最大限に活かすことができます。短いクッション言葉を最後に改めて添えるようにすると、言葉が受け取りやすく、相手の反応も柔らかくなります。

あまり使っていないという方は、意識的にまず1つ使ってみることから始めてみてはいかがでしょうか。まずは幅広いシーンに使える「申し訳ないけど」がおすすめです。

19 気がきく人は、クッション言葉をサンドイッチ形式で使う！

20

気がきく人は相手を待ち、気がきかない人は相手を待てない。

「何とか助けになりたい」

困っている人に対してそう思うことは、決して悪いことではありません。

しかし、相手の気持ちを考えずに手を差し出すことは、必ずしも相手にとって喜ばしいことであるとは限らないのです。


現在、講演や研修を行って、よりよいコミュニケーションについてのアドバイスなどをしている私ですが、これまでに人づきあいで痛い目にもたくさんあってきました。

そういった経験こそが、様々なことを考え反省し、学ぶきっかけとなったのは確かなので、今考えれば悪い面ばかりではありません。でも、問題の真っ只中にいるときはそんなことを思う余裕などなく、とにかく争いに疲れ、とても苦しい思いをしていました。

何かに苦しんでいるとき、**相談するという行為は案外エネルギーがいるものです。**言葉にするほど、辛い状態が現実として突きつけられるような気がしたり、もうこれ以上考えたくないという気持ちが強くなったりして、「今は誰にも話したくない」と思うこともありました。

ちょうどそんな気分になっていたとき、たまたま会った友人が、私がふとこぼした愚痴を気にして「話を聞くよ」と言ってくれました。気持ちはありがたいのですが、その話はできれば避けたい気分だったので、「ありがとう、大丈夫」とだけ伝えました。

その後、度々彼女から「今日時間あるけどどう？」「何があったの？」「もしかして○○さんのこと？」「話した方が楽になるよ！」などのメッセージが届くようになりました。親切心で言ってくれているのがわかるだけに心苦しく感じつつ、（今はそっとしておいてほしいんだけどな……）というのが本音でした。

一方、当時の同僚は、私の状況を知っていましたが、ほとんど何も聞いてくることなく他愛のない話を交わす程度で過ごしていました。しばらく経って、気持ちの整理がついてきたころに「あのさ、実はちょっと聞いてもらいたいことがあるのだけれど」と言ったら、「もちろん聞くよ！　実はそう言ってくれるのを待ってたんだ」と言ってくれました。そのときの、心底ホッとして、ありがたく感じた気持ちは今も忘れられません。

気にかけてくれていた友人にも、その後話をして、当時の気持ちも伝えたところ理解してくれました。とはいえ、心配してくれる彼女に対して「また同じようなことになっては申し訳ない」と思い、相談事を言うのにかなり気を遣うようになったのも事実です。

言葉にするためには、頭の整理が必要なこともあります。整理がついていない相手から何とか言葉を引き出そうと試みるのは、手を差し伸べているというより手をねじ込んでいるような状態に近いです。相手にとってはより苦しくなることもあります。

人づきあいに悩む人がよく口にする言葉に、「よかれと思って」というものがあります。悪気があるわけではなく、相手の力になりたくてした（言った）ことなのに、逆に相手を怒らせたり困らせたりして悲しい思いをしている、そういうことが少なくありません。

こういった空回りが起きてしまうのは、「待てない」ことが1つの原因でもあります。

相手の言葉や、相手の気持ちが落ち着くのを待てず、つい先回りをしてしまうのです。状況だけを見て、自分にとって「いい」と思われることを推測して行動してしまいます。

それは必ずしも相手の望むものとは限らないので、思うような反応が得られずがっかりすることが多くなります。

そういう意味では、気がきく人は、「待てる人」であると言えます。

焦らず急かさず、相手が言葉にしてくれることや、相手から手を伸ばしてくれることを待つ。そのときが来たら即座にその手を取れるよう、意識だけを向けている状態です。

〝そっとしておく〟というのは、放っておくと言う意味ではなく、〝そっと見つめている〟ということです。具体的には、「私が何とかしてあげよう」ではなく「私に何ができるだろう」と考えることを習慣にすると、空回りが減っていきます。

20 気がきく人は、そっと待つ！

21

気がきく人は感想で褒め、気がきかない人は容姿で褒める。

「すごいね」

「よくできたね」

子どもにそんな言葉をかけると、とても嬉しそうな顔をします。工作物を作ったりすると、「見て、見て！」とアピールして、（褒めて！）という顔をしてこちらを見てきます。

この「褒められたい」という願望は、心理学では「**承認欲求**」という言葉で表現されることがあります。

「承認欲求」の基本は、「他者から認められたい」という欲求です。

ただし、「承認欲求」をきちんと満たすには、他者から認められることだけではなく、その先の「自分で自分を認めることができる（自己承認）」レベルに進んでいくことが大事であるとされています。

これはつまり、他者から認められていると実感できることで、自分で自分を認めることにもつながり、より自分に自信が持てるようになるということですね。

人が成長していくにあたって、他者からの承認を得たい（褒められたい）と思うことは、自然な欲求なのです。

ですから、**自分を否定してくる人よりも、自分を認めてくれる人（適切に褒めてくれる人）を好ましく思い、近づきたいと思うのも自然な心理です。**

とはいえ、相手との距離をもっと近づけようとして、「よし、もっと人を褒めよう！」と思った人が陥りやすい落とし穴があります。

相手の外見だけをとにかく褒めちぎってしまうというものです。

「目が素敵ですね」「肌がきれいですね」「素敵なお洋服ですね」「髪型がきまっていますね」など、とにかく目につくところをひたすら褒める……。これが喜ばれることもありますが、人によっては不快に感じることもあります。

私の友人は、目の下にあるホクロについて触れられたことに、ひどく腹を立てていたことがありました。相手は褒めるつもりで「いいホクロ」だと言いたかったらしいのですが、本人は非常に気にしている部分だったので、不愉快だったようです。

褒めるというと、つい見た目ばかりに気を取られてしまいがちですが、それでは失敗してしまうこともあります。

褒め上手な人は、外見ではなく、少し違う目線で相手を褒めています。実は、もっとも多く伝えているのが「感想」なのです。

「感想」というのは、相手の存在もしくは行動によって起きたことや、自分のプラスの気持ちを、次のようにそのまま伝えるということです。

掃除をしてくれた人に「きれいになったなぁ！」
食事を作ってくれた人に「これ美味しいなぁ」
頼み事を予定より早くやってくれた人に「早くて助かるわ」

会に参加してくれた人に「あなたが来てくれて嬉しいな」
手書きの書類などを受け取ったときに「あなたの字、とても読みやすいね」

言葉としてはただ「感想」を言っているだけなのですが、それを通して伝わっていくのは相手に対する承認であり、言われた方はとても嬉しくなるのです。

さらに、容姿を褒められると「そんなことないです」と返す人が多いのに対し、感想で褒められると素直に「ありがとう」と言う人が多いようです。伝え手の感想なので、受け手も否定し難く、素直に受け取りやすいのではないでしょうか。

褒めようとしてつい言葉に詰まってしまう人は、自分の「プラスの感想」を、積極的に伝えてみてください。きっと周りに笑顔になる人が増えていきますよ。

21 気がきく人は、プラスの感想を積極的に伝える！

22

気がきく人は柔らかい敬語を使い分け、気がきかない人はタメ語がいいと思い込む。

私は毎年春になると、新入社員研修でビジネスマナー研修を多く担当します。ビジネスマナーの基本全般をお話するのですが、その中に必ず「言葉遣い」という項目が入ります。特に、敬語の使い方・使い分けについては、基本から改めて学んでいきます。

以前、この言葉遣いについての講義中に、こんな質問がありました。
「敬語よりもタメ語の方が、早く相手と仲よくなれる気がするのですが、どうして敬語を使わなければならないのですか？」

確かに敬語は、その形式的な言い回しにより、心理的な距離を感じさせることがあります。私も、仲よくなった人から「敬語はやめてほしい」と言われたことがあります。「冷たい」「他人行儀」「ビジネスライク」そんな印象から、敬語に対して居心地の悪さを感じたことがある方も多いのではないでしょうか。

その点、タメ語はフラットです。

「一緒に行きませんか?」より、「一緒に行かない?」の方が相手を近く感じます。多くのSNSでは、「Good」を表す表現は、「いいですね」ではなく、「いいね」が使われています。

それだけを考えると、人づきあいにおいても、タメ語の方がより人との距離を縮めるのに役立ちそうな気がします。

でも、果たしてそうでしょうか。

あなたはこんなことを言っている人に会ったことはありませんか?

「初対面なのにいきなりタメ語なんて失礼だ」

「こっちが敬語なのに相手がずっとタメ語で感じ悪かった」

「タメ語で話してくるからバカにされているような気がした」

相手との関係性にもよりますが、タメ語が必ずしもプラスに働くわけではありません。特にビジネスシーンでは、相手に対する親近感の表現のつもりだったとしても、敬語を使わない時点で相手への敬意に欠け、失礼になることがあります。

仕事の場において、**敬語は単なる言葉の飾りではなく、相手を大事にする気持ちの表現**となっているのです。

あるセミナーに参加したとき、講師がずっとタメ語だったことがあります。

素晴らしい経歴を持っていて、知識も豊富な方だったのですが、こちらがずいぶん下に見られているような気がして違和感がありました。

質疑応答になったとき、かなり年配の方が手を挙げました。明らかにその場にいた誰よりも年上だと思われるその人への対応の際も「うん」「そうなんだ」「それはね」と、まるで小学生を相手にしているかのような態度で、その場にいて少々嫌な気持ちがしました。

22 気がきく人は、一文字で柔らかくする！

気がきく人は、わきまえた言葉選びをします。

よほど心許せる近しい友人の場合はフラットな表現も使いますが、それ以外はどんな相手であっても、相手に対して敬意を持って接することを忘れません。

とはいえ、仕事ではない場においてまで、敬語を一切崩さないというのも親しみやすさに欠けてしまいます。

ですから、気がきく人がもっともよく使っているのは、**「柔らかい丁寧語」**です。

柔らかいというのは、「です・ます」を基本としつつ、「よ」や「ね」を使った表現を入れていくイメージです。「そうです」を「そうですね」、「できます」を「できますよ」といったように、硬くなりやすい表現を柔らかくするエッセンスを入れます。

これだけでもかなり表現が優しくなるので、丁寧ながら親近感が持てる印象になりますよ。

23

気がきく人は五感をフル活用し、気がきかない人は視覚に頼る。

人間は五感のうち、視覚から得る情報量がもっとも多いと言われています。
その具体的な数字は諸説言われていますが、多くの文献などにおいて、五感から受ける情報量のうち80%から90%が視覚からとされていることがほとんどです。

視覚の情報量が圧倒的に多いだけに、私たちはつい視覚だけに頼って判断をしてしまいがちです。「こう見える＝こうである」という考えと予測に沿って、言動や行動を選ぶことが多くあります。
ところが実際は、目に見えているものは、表面上だけのものであることも少なくありません。

人の気持ちや想い、特に本音といったものは、そう簡単に目に見える形では表に出てこ

ないものです。むしろ、ときには表面には真逆のものが表れていることもあります。

例えば、「本当はとても傷ついているのに、顔は笑顔である」とか、「本当は大変腹を立てているのに、何ともないような態度でいる」なんていうことがあります。もちろん逆に、「本当は嬉しくて仕方ないのに、顔や態度には一切見せない」ということも同じようにあり得ます。

ですから、**見た目だけで判断していると、誤解したり、表面上だけの対応をしたりして、なかなか相手との距離感が縮まらないことがあります**。

気がきく人は、ここをしっかり理解し、相手と向き合うときには五感をフル活用することを意識しています。

以前、販売の仕事で店頭に立っていたときのことです。

その日は朝から大忙しで、ひっきりなしにお客さまが来ていました。そんな中、うっかり商品の入れ忘れを起こし、大きなクレームを起こしてしまいました。完全に私のミスなので、とにかく誠心誠意お詫びをして、ひとまずその場は収まりました。

事態は収まったとはいえ、かなり厳しい言葉を浴びせられたこともあり、内心とても疲弊していました。けれども目の前には長蛇の列。他のお客さまに迷惑をかけるわけにもいきませんし、何とか笑顔を作って続けていました。

しばらくして、たまたま様子を見にきた先輩が「大丈夫？」と声をかけてくれました。その時点では、先輩は先のクレームについてはまだ聞いていなかったらしいのですが、私の様子が少しおかしいと気づいてくれたようです。

そのまま休憩時間まで仕事を手伝ってくれ、その後に私の話をしっかり聞いてから、こう言いました。

「笑顔がこわばっているし、声が少し震えているし、手もこんなに冷たい。相当ダメージ受けたね。そういうときに無理やり頑張ると余計にしんどくなるよ。5分交代するから、少し休憩延長して温かいものでも飲んで深呼吸してきな」

張り詰めていた気持ちが一気に緩んだ気がしました。

そのままでいると泣きそうだったので、「ありがとうございます」と言って、少し一人にさせてもらいました。しばし現場を離れ、落ち着いたら、だんだんエネルギーが戻ってくるのも感じました。

あのとき、私の無理な空元気に気づいてくれた先輩には、未だに感謝しています。笑顔＝元気ではない。私自身がそれを強く感じたからこそ、その後は私も見た目だけではなく、全体の雰囲気に気を留めながら人に向き合うようになりました。

人のサインは、ときにとても小さく、色んな形で発信されているものです。小さなサインを大事にすることは、人を大事にすること。五感を気遣いにもっと活用していきましょう。

23 気がきく人は、小さなサインを見逃さない！

24
気がきく人は適度な気遣いで楽に過ごし、気がきかない人は過度な気遣いで疲れる。

あなたが一日のうちでもっとも多く使っている言葉は何でしょうか？

気を遣いすぎて疲れやすい人が、よく使う言葉の1つに「ごめんね」があります。人に何かを頼むときはもちろん、手伝ってもらったり、教えてもらったりする度に、まず「ごめんね」と言います。

ときには、まったく必要のないシーンで言っていることも多いものです。

例えば、待ち合わせをしたときに、遅刻をしていないのに会った瞬間から「ごめんね」と言う人もいます。この「ごめんね」は、謝罪というよりは、相手の時間をもらっていることへの感謝の気持ちで伝えていることがほとんどなようです。

「ごめんね」は悪い言葉ではありません。けれども、あまりに頻度が高いとかえって相手を恐縮させてしまって、おたがいに変な気を遣い合うようになることがあります。

迷惑など感じていないのに謝られると、〝謝らせてしまった〟という気持ちが生まれて「こちらこそごめん」と、ごめんの応酬になってしまうのです。

気がきく人は、自分に明らかに非があったり、相手に迷惑をかけたりしたときなど、本当に必要なときしか「ごめんね」とは言いません。

人に何かを手伝ってもらったり教えてもらったりしたら「ありがとう」、待ち合わせのときには「お待たせ」や「無事会えてよかった」など、過度に気遣いのない、自然な言葉を使っています。

さらに、気がきく人は親切を受け取ることにも素直です。

まず「嬉しい」と言い、笑顔で感謝します。気遣いが苦手な人ほど、相手が何かをしようとしてくれたときに「ごめんね」だけではなく、「本当に大丈夫？」「無理してない？」「もしなんだったら気にしなくていいからね」などの言葉を過度に伝えてしまいます。

気を遣いすぎて疲れやすい人は、頼ることが苦手という特徴もあります。以前、コミュ

ニケーションの悩み相談にいらしたある企業の管理職の方が、こんなことをおっしゃって
いました。
「もっと人に頼れたらと思うのですが、みんな大変なのに頼んだら悪いと思う気持ちが
強くて、頼む方が疲れるから結局自分で抱えてしまうんですよね……」

先ほど「承認欲求」について触れましたが、この「承認欲求」には、褒められることと
同様に頼られることも含まれています。人に頼られると、自分の存在を認めてくれている
と感じることができるため、承認欲求が満たされるのです。

ですから、過度な気遣いで人に頼れなかったり親切心を断ってしまう人より、適度な気
遣いを持ちながらも頼ってくれたり、親切を素直に受け取ってくれる人の方に、人は好感
や親近感を抱きやすくなります。

過度な気遣いは、自分だけではなく相手を疲れさせてしまうこともあります。
先日、とある高級旅館に泊まった友人が、こう言っていました。
「いい具合に放っといてくれてとても居心地がよかった」

高級旅館となると、相当サービスがいいのだろうとイメージしますが、過剰なサービスや気遣いはかえって緊張感や居心地の悪さを生み出してしまうこともあります。

必要以上に何かと話しかけてきたり、ドアの開閉のたびに走ってきたり、しょっちゅう「困ったことはありませんか？」など言われ続けていたら、まるで監視されているかのようで落ち着きません。

それよりも、基本的にはそっと見守る態度でありながら、困ったときにはすぐに駆けつけてくれて、頼み事にも気持ちよく対応してくれたら、安心してリラックスできます。

無理せず気遣いをするためにも、「頼っていい」という言葉と、「そんなに気にしなくていい」という言葉を、つねに自分にかけてあげましょう。相手の気持ちを気遣おうと思っても、相手の気持ちは相手にしかわからないのです。過剰な気遣いで自分が疲れてしまわないように、もっと気を楽にした方が人間関係はうまくいきます。

24
気がきく人は、自分が疲れないようにする！

25

気がきく人はユーモアに気を配り、気がきかない人は脱線しないように気を配る。

「ユーモア」とは「おかしみ」、つまり「面白さ」を表す言葉です。

「ユーモア」という言葉の中には、「おかしみ」だけではなく、「上品で洒落た」「人を和ませる」という意味も含まれます。


人を傷つけたり不愉快にさせたりするようなものは、仮に一部の人が笑顔になったとしても、ユーモアではなく言葉の暴力になってしまいます。

ユーモアの使い方を間違えてしまうと、笑っているのは自分一人、相手や周囲は怒ったり傷ついたり、場合によっては泣いたりなんてことも起こり得ます。あくまでもそこにいる人たちみんなが、楽しい気持ちになれることが大切です。

かつて、このユーモアの取り入れ方が上手な同僚がいました。職場内でも彼の周囲だけはいつもいい雰囲気が漂い、みんなの自然な笑顔がよく見られました。

とはいえ何も、すごいギャグを言ったり、ボケやツッコミで笑わせていたりしたわけではありません。

彼が上手だったのは、「**ちょっとした例え**」です。

朝の挨拶の際に、「今日の○○さんの服装、爽やかですね！　ここは南仏プロヴァンスかな」といった言葉を添えたり、感謝を伝えるときに、「本当にありがとうございます！○○さんの前世は天使かな」と言ったり、小さな例えをよくしていました。

「～かな」という言い方も、「～だね」と言い切るよりも柔らかい印象となり、思わず相手が「ふふっ」と微笑みたくなるような雰囲気を作り出していました。

笑わせるといっても爆笑を生む必要はなく、ほんのちょっとした笑いがあること、これが、特に緊張感や疲労感が生まれやすい職場などではとてもいい清涼剤となってくれます。

生真面目なのが悪いわけではありませんが、車のハンドルに遊び（ゆとり）があるから楽にまっすぐ走れるように、人も息抜きや脱線といった遊び（余裕）があるからこそ楽しく前向きなエネルギーを保つことができるものです。遊び心を忘れないようにすることは、人づきあいだけではなく、ストレス軽減においても大切なことです。

「とはいえ、ユーモアのセンスなんてないし……」「いい例えが思いつかない……」とも し悩むことがあったら、**「笑う・笑わせる」ことにこだわるのではなく、「いい気分になる」ことにこだわってみてください。**

いい気分から生まれる言葉や行動は、それを受け取る人のことも楽しい気持ちにしてくれます。

いい気分になるために必要なのは、よくない気分になりそうなことをなくしていくことです。

例えば、**何事に対しても、最初は「おーいいね」から入ることを意識してみる**だけでも効果的です。

朝雨が降っていたら、「おーいいね、これは肌が潤う」と言ってみる。誰かがミスをしたら、「おーいいね、これは嫌でも成長するね」と言ってみる。仕事が次から次へと降ってきたら、「おーいいね、ずいぶん人気者じゃないの」と言ってみる。

あえて「おー」を入れているのは、無意識にネガティブな意味で「おー…」と口に出してしまったとしても、すぐに軌道修正できるようにするためです。「おー」でテンションが下がっても、「いいね」で上げることができます。いい気分がネガティブをポジティブに変換し、その明るい言葉がユーモアとなって伝わっていきます。

ユーモアというと、相手をいじることだと思っている人もいますが、相手を茶化すもの、本人が嫌がるようなものは決してユーモアではありません。どんなに自分はユーモアのある言い回しだと思ったとしても、人が嫌がっていたら、悪趣味になってしまいます。あくまでも「いい気分」から生まれる自然なユーモアを大事にしていきましょう。

25 気がきく人は、いい気分になる！

26

気がきく人は人のために情報を集め、気がきかない人はネタのために情報を集める。

「持っていくと喜ばれるもの」と聞いて、あなたならどんなものを思い浮かべますか？

お菓子やお花、相手がほしがっていた物など、色々と浮かぶかと思いますが、実は「情報」も喜ばれるものの1つです。

情報を集めようと思ったとき、検索サイトにまずキーワードを入れる人が多いのではないかと思います。そのキーワードに関連した情報を集めることはもちろんできますが、頭に浮かんでもいないキーワードを検索することはできません。

つまり、自分の力だけでは、自分が知ろうと思った情報しか手に入れられないのです。

だからこそ、気がきく人は「情報」に敏感で、大事にしています。**人に会うときには、**

必ずと言っていいほどその人が喜ぶ情報を探して持っていきます。

とはいえ、情報なら何でもいいわけではありません。

ポイントは〝相手が喜ぶ情報である〟ということです。

例えば、次のような2人だったら、どちらの人にまた会いたいと思いますか？

・いつも楽しい情報や知りたかったことを教えてくれる人
・いつも悲しい話や暗い話、嫌味や誰かの噂話などをする人

ほとんどの人が前者を選ぶのではないでしょうか。

知人に、とても多くの人に慕われている社長がいます。職種や立場、年齢や性別や国籍などの垣根がまったくなく、その場であった知らない人とも、すぐに仲よくなって打ち解けてしまうという不思議な魅力のある人です。仕事でも、彼を紹介したいという人が後を絶たず、ほぼ紹介のみでびっしりスケジュールが埋まっているような状態です。

彼と関わりのある人はみんなこう言います。

「あの人と話すと楽しい」「あの人は色んなことを教えてくれる」

「困ったとき、あの人なら何か知っているんじゃないかと思って、一番に思い浮かぶ」


その社長は、自分の専門分野以外にも様々な情報を持っていて、知りたいことのヒントをもらえるだけではなく、話をするだけで視野が広がっていく気にさせてくれる人です。

どうやって情報を集めているのかと気になっていた折、行動を共にする機会があり、気づいたことがありました。**誰かがふと口にした言葉などをとてもよく覚えているだけではなく、目や耳にする情報を、誰かにつなげられないかとつねに意識しているのです。**

例えば、イベントの告知ポスターを見かけると、「〇〇さんが最近こういうのに興味あるって言ってたんだよね」と言いながら写真を撮ってすぐに送ります。美味しい料理を食べると、「この食材はこういう風にも使えるんだね」と言って、教えてもらえる範囲でお店の人にレシピを聞きます。「自分で作ってみるんですか？」と聞くと、「いや、知り合いにパーティーメニューのアイデアを聞かれていたから、今度教えてあげようかなと思って」と言いながらメモをしていました。

つねに頭のどこかに、「**この情報は誰の役に立つかな**」という意識があるのです。

つまり、誰かを思い浮かべてから情報を探すのではなく、情報を見つけてからそれにつながる誰かをイメージしています。

もっと言えば、その情報が誰かの「役に立つ」「喜ばれる」ことを目的として集めているので、誰かが少しでも「嫌な気持ちになる」情報は、あまり目に入っていないようでした。


喜ばしくない情報を嬉々として集めてネタにすることで、本人は楽しそうである一方、その人の周囲からはどんどん人が離れていってしまっているケースも残念ながらよく見かけます。

「情報」は適切に使えば人と人をつなぐ架け橋にもなるものです。

「情報」の価値をもっと大事にして、〝喜ばれる人〟になることで、人づきあいは気持ちよくもっと広がっていきます。

26 気がきく人は、情報から人を結びつける！

27

気がきく人は受けた恩を世の中に返し、気がきかない人は恩を与えてくれた人だけに返す。

人に親切にされたとき、あなたはどうしていますか？

「ありがとう」と感謝を伝える、お礼の品を送る、労働や手伝いなど行動で返す、色々なケースがあると思います。

以前知人の間でこの話になったときに、「いただいたものは、2倍にしてお返しするようにしている」と言う人がいました。例えば100円の品をいただいたら、後日200円のものをお返しするのだそうです。

確かに、それだけ感謝している、という気持ちは伝わるでしょう。

けれども、このやり方は相手に意図せずしてプレッシャーや負い目を感じさせてしまうことがあります。自分自身にとっても、返すことが負担になって相手の親切を素直に受け取れなくなることがあるので、気をつけたいところです。

以前、派遣社員のSさんという人と、一緒に仕事をしていたことがありました。とても物腰が柔らかく優しい印象で、仕事は細かい作業までミスなく行う頼もしい方でした。

あるとき、友人から珍しいお菓子をもらったので、Sさんに「珍しいのでよかったら」と1つ渡しました。すると翌日、Sさんがきれいに包装された小箱を持ってやってきて、「昨日のお礼です」と手渡してきました。見ると、有名な高級チョコレートのロゴがついています。

ありがたい反面、「お礼にしてはもらいすぎだし、これをもらいっぱなしというのも……」という気持ちが湧き、その日の帰りにクッキーのプチギフトを買いました。翌日それを持って行くと、「わざわざすみません」と受け取ってくれたので、これでバランスが取れたかなと、内心ホッとしていました。するとまたその翌日、今度は某有名フルーツ店のミニゼリーの詰め合わせを持った彼女がやって来ました。さすがにこれではエンドレスになってしまうと思い、ここは感謝を伝えるだけで止めておくことにしました。

しばらくして、先輩が私のところにやって来て、こうこぼしました。「Sさんなんだけど、手伝うたびにお礼といって何か買ってきてくれるので、ちょっと申し訳なくて、何か手伝いづらいんだよね……」

そう感じていたのは先輩だけではなかったようで、結果的に何となく、Sさんからの頼み事は避けたがる人が増えていきました。

仕事に関しては、知識や技術を渡すことや、協力することも業務の1つです。

もちろん「教えてくれた」「手伝ってくれた」という行動に対して感謝をすることは大事ですが、過度なお返しは逆に業務をやりにくくしてしまうことがあります。

感謝の気持ちを持つのは素敵なことですが、その気持ちは、何かを与えてくれた人に返すことだけがすべてではありません。

同じ職場に、私がとても頼りにしていた先輩がいました。知識も経験も豊富で、彼に相談して助けてもらったことは数知れません。

その先輩は、食事をしながら話を聞いてもらったときなどには、いつも奢ってくれていました。込み入った問題を抱えていたときには、しょっちゅう話を聞いてもらっていたのですが、さすがに毎回となると負担だろうなと思い、「今日は私が」と言ったことがあります。すると先輩は、笑いながらこう言いました。

「山本がもっと成長して後輩の面倒を見るようになったら、そいつに奢ってやって。俺も先輩にそう言われてきたから、今こうしてもらった恩を返してるんだ」

気持ちが楽になっただけではなく、**恩を次世代につないでいく**、その考え方ってとてもいいなと思いました。「必ずそうします」と言い、それ以来、先輩に対して引け目を感じることなく安心して頼ることができました。

プレッシャーは、人づきあいの邪魔をすることがあります。

恩を返すことにこだわるのではなく、恩を循環させて行くことを大事にしていくと、笑顔になる人がもっと増えるのではないでしょうか。

27 気がきく人は、受けた恩を返すだけでなく回す！

第 4 章

働き方編

28

気がきく人は「見せる」ことを大事にし、気がきかない人は「見られる」ことに抵抗する。

コロナウイルスの流行により、オンラインでの交流が一気に広まりました。

オンラインでのコミュニケーションの悩みにおいて、よく聞かれる意見に「相手の様子がわからない」というものがあります。

カメラがオンであっても、表情も体も動かさず、ずっと下を向いている状態でいたら、画面に映っていないのと同じことです。カメラがオフになっていればなおさらで、姿の見えない相手の様子を、たまに聞こえる声やチャットに書き込まれる文字情報だけで推測するのはかなり難しいものです。

以前、研修先でお会いした方の中に、「オンラインだとミーティングがあっさり終わるのでいい」と喜んでいる部長がいました。時間を考えると、オンラインに大きなメリットがあることは確かです。

けれども、その部長の部下にあたる方がこう言っていました。

「全員画面オフの中で、本当に聞いてもらえているかも怪しいのに、言いたいことがあっても発言なんかしないですよ」

発言したいことがないのではなく、発言を避けているようなのです。

それなら、なぜ全員画面オフにしているのかを尋ねると、回線の安定のためという理由もあるけれど、一番の理由は「顔を出したくない」という人が多かったからでした。

確かに、顔を出すのに抵抗感を覚えるという気持ちは理解できます。

人と話すときに自分の顔を見ながら話すなんてことは、対面ではありませんでした。カメラに映る以上、身だしなみにも色々と気を遣う必要があるし、ずっと見られていると思うと落ち着きません。

実はこの「見られている」という意識そのものが、オンラインコミュニケーションを妨

げる要因となっています。

前提として、オンラインは、単なるコミュニケーションツール（道具）です。コミュニケーションにおいてもっとも大事なのは、〝どう見られるか〟より、その道具を〝どう使って、何を届けたいのか〟ということです。

気がきく人のオンラインの使い方を観察していると、ほとんどの人が積極的に自分を「見せて」います。

自分の姿や顔、自分の様子をしっかり「見せる」ことで、画面越しの相手に安心感を与えているのです。

「見せる」というのは、終始カメラ目線で「見せつけている」ということではありません。ポイントとなるタイミング、例えばミーティングなら、開始時と終了時、誰かの発表時などにはカメラをオンにし、その他は適宜オフにするといったイメージです。

「見られる」という受動的な姿勢ではなく「見せる」という能動的な姿勢で臨んでいます。

28
気がきく人は、積極的に「見せる」！

これはプレゼンテーションなどの場でも同じことが言えます。

「見られる」意識の人は極度に緊張し、聞き手に翻弄されて結果につながっていかないことが多くあります。結果を出すプレゼンをする人は、総じて「見せる」意識を持ち、堂々と振る舞いながら相手を巻き込んでいきます。

「見られる」ことを怖がるのではなく、「見せる」意識を習慣化できると、それが気遣いの表れとなり、あなたの伝えたいことが、もっと伝わるようになっていきますよ。

29 気がきく人は愛で叱り、気がきかない人は感情で怒る。

人間には喜怒哀楽があります。喜びや楽しさといった感情ばかりで過ごせればいいですが、なかなかそうはいかず、悲しみや怒りの感情が生まれることもあるものです。

あなたは怒りの感情を抱いたときに、どうすることが多いですか？

怒りの表現には、人によって次のようなパターンがあります。

・怒っていることを悟られないように笑ってごまかす、我慢する

この表現は相手への攻撃性がない分、一見問題なさそうに見えます。

しかし、感情を抑えることによって、自分自身を攻撃していることになります。大きなストレスを感じやすく、そのストレスの原因となった相手に対して、苦手意識や嫌悪感を募らせてしまいます。

・相手を睨みつけたり黙って立ち去ったりする
・感情のままに言葉や態度で相手にぶつける

これらは、相手や周囲への攻撃となります。

おたがいに痛みを伴うので、仮にその場は収まったとしても、相手との関係性には大きな傷をつけてしまい取り返しのつかないことになる危険性もあります。

・一呼吸おいて冷静になってから想いを言葉にして伝える

この方法のみが、コミュニケーションを意識した怒りの表現と言えます。我慢でも攻撃でもなく、感情を「伝える」ことを大事にした方法です。

日常生活でも大事なことですが、特にビジネスシーンでの上司と部下の関係性では、この意識がとても重要です。

最近では怒りの感情との向き合い方を学ぶ「アンガーマネジメント」や、自分も相手も尊重するコミュニケーションスタイル「アサーティブコミュニケーション」が注目されています。

どちらも感情をただぶつけるのではなく、感情を言葉や態度で適切に表現することを目的としたものです。それが人間関係を穏やかにし、仕事にも好影響を与えてくれることがわかっており、そのスキルが求められているのです。

気がきく人は、この怒りの伝え方がとても上手です。怒りはいい結果を生まないと考えているからです。

感情のままに「怒っている」のではなく、**相手のよりよい未来のために「叱っている」ということがきちんと伝わる伝え方をする**ので、相手も意図を理解しながら素直にそれを受け止め、自ら改善につなげていく行動を起こしやすくなります。

その具体的方法は、決して難しいことではありません。次の3つを共有することを意識するだけでいいのです。3つとは、**「事実」「自分の意見」「相手の意見」**です。

例えば、部下のミスが発覚したとします。

これに対して、ただ「怒る」なら「何考えてるんだ！」「何でもっとちゃんと確認しなかったの！」といったように、主に感情をぶつける言い方になります。これでは、相手は萎縮したり、反抗心が生まれやすくなります。

これを「叱る」に変えると、「この部分とこの部分が違っている（事実）。これは基本的な確認がきちんとされていなかったのではないかと思う（自分の意見）。経緯とあなたの意見を聞かせてほしい（相手の意見の共有）」となります。

どちらの方が「会話」がきちんと成立するように感じますか？

どんなときも「会話」を大事にするのが、気がきく人の特徴です。

人間関係をしっかり築くには時間がかかりますが、壊すのは一瞬でできます。そのもっとも大きな破壊道具が「怒りの感情」です。

3つの共有を習慣化して、未来をよりよい形で作り出していきましょう。

29 気がきく人は、「会話」を大事にする！

30 気がきく人は全体を観察し、気がきかない人は目立つ人だけを観察する。

企業や会社というのは、集団（チーム）です。

「企業理念」のもとに、その「企業の目標」を共有したメンバーが、目標達成のために集まっている集合体です。そこで求められているのは、一過性の表面的なつながりではなく、長期的な信頼感のあるつながりです。

ところが、つい目先のことばかりに気を取られてしまって、こういうことを忘れてしまうことがあります。

大学時代、演劇を専攻していた私は、当初役者というのは「目立ってなんぼ」だと思っていました。他人より多くのライトを浴びて、他人より多くのセリフを言うことが、役者の成功だと信じていたのです。

ですから、自己アピールのことばかり考えていました。目立っている人をひたすら観察し、どうやって自分を見てもらうか試行錯誤していました。

そんなある日、「表現」の授業のときに、いつも通りアピールしようとした私に、教授が厳しい顔でこう言ったのです。

「お前、誰のためにそれやってんの？　いい役者に必要なのは、主張力の前に協調力。自分のためだけにやっていい芝居なんてできるわけがないだろう。協調なき主張など、単なる自己満足だと覚えておけ！」

「自己満足」、その言葉がグサリと刺さりました。

ショックを受けつつ改めてよく観察すると、**主役級の人ほど、全体をとてもよく見ており、周囲の動きを見ながら自分の動きを調整し、ときに自分が前に出ることよりも相手を引き立てることに徹していました。**

そういう人だからこそ、脇を固めるメンバーもそれに応えるかのように、その人のために考え動き、セリフや間の受け渡しもスムーズになるように息を合わせていたのです。

これは企業や会社という舞台でも同じなのではないでしょうか。実際に、自分のアピールや成功者を模倣することばかり考えている人よりも、**全体をしっかり見て動いている人ほど愛され、協力者が多く、物事をスムーズに進めることができています。**

まさにこれを体現していた、対照的な2人の社長にお会いしたことがあります。お2人とも不動産会社の社長であることは同じなのですが、社員からの評価や慕われ方は真逆でした。

一人はいわゆるカリスマタイプで、口癖は「俺は業界トップになる」。自己啓発やセールスの勉強に余念がなく、成功のためのやり方を細かく分析し、自分の振る舞いはもちろん、周囲にも強くそれを求める傾向にありました。それでうまくいっている部分もあるとはいえ、その会社は人の入れ替わりがとにかく激しく、チームを作る以前に人がいつかないという状況に陥っていました。

一方、もう一人の社長はどちらかというと気弱タイプ。強い指導力や統率力があるわけではありませんが、つねに社員のことを考えて動く人でした。口癖は「みんなにとっていい会社にしていこう」。仕事を大事にしつつ、それ以上にそこにいる仲間を大事にするため、その会社と社長への愛情を持って長く働いている人が多くいました。

結束力と集団の力も強く、多くの賞や感謝状が壁一面に飾ってあり、社長はいつもそれを眺めながら、「私は本当に社員に恵まれているんだ」と目を細めていました。

頭でわかってはいても、なかなか全体にまで意識を向ける余裕がないという方は、何かに取り掛かるときにはまず、**関わる人の名前を全部書き出してみること**をおすすめします。

舞台のチラシやパンフレット、映画の宣伝などには、出演者や関係者の名前がずらっと書かれています。名前をあえて可視化して並べるだけでも、その人の存在を意識することになり、全体を見る習慣が自然と身についていきますよ。

30
気がきく人は、全体を見て動く！

31
気がきく人は相手の「得意」を覚え、気がきかない人は相手の「苦手」を覚える。

人には誰にでも、得意なことと苦手なことがあるものです。

では、ちょっと考えてみてください。

あなたは誰かのことを考えるとき、「相手の得意なこと、好きなもの」と「相手の苦手なこと、嫌いなもの」、どちらの印象をより多く思い出しますか？

どちらを注目する癖があるかで、人に対する捉え方はかなり異なってきます。

例えば仮に、こんな人がいたとします。

この人は、話をすることは得意なのですが、人の話をじっくり聞くことは苦手です。運動は得意なのですが、料理は苦手。行動を起こすことは得意なのですが、細かい計画を立てるのは苦手。

「得意」に目が向く人は、この人のことをこう言います。「あの人は、行動力があって、体力もあるし、話がとても上手で引き込まれる」

「苦手」に目が向く人は、この人のことをこう言います。「あの人は、ちゃんと人の話を聞かない上に大雑把なところがあるから、料理も苦手らしい」

同じ人のことを言っているのですが、まるで別人のように聞こえます。

あなたなら、どちらを見てくれる人と仲よくなりたいと思うでしょうか。職場では、どちらを見てくれる人と一緒にいた方が、楽しく成長できそうだと感じるでしょうか。

気がきく人は、習慣的に、相手の得意とするものやことを覚えるように意識しています。苦手な部分を見ないわけではないのですが、そこに注目して責めたり非難したり、相手を見下したりするようなことは決してありません。

なぜなら、**得意に目を向ける方が、相手に喜ばれるだけではなく、自分自身もそこを通して相手のことを好きになれる**ことを知っているからです。

人に何かを頼むときも、それを得意とする人に頼むことができるので、物事がスムーズに気持ちよく進んでいきます。

以前、イベントの仕事をしていたときに、現場をまわすのがとても上手なディレクターに会ったことがあります。

イベントというのは分刻みのスケジュールで動いており、スムーズな進行ができるかどうかが成功を大きく左右します。

そのディレクターは「**得意リスト**」なるものを作っていました。事前の聞き取りや過去の実績から、その場にいるメンバーの得意なことを一人ずつまとめてあるノートです。

人の配置を考える際には、それを見て、メンバーの得意分野がもっとも活かせるところを任せるようにしていました。トラブルが起きたときも、リストを見てもっとも有効なスキルや知識を持っている人に相談しながら、素早い解決に導いていました。

得意を認めてもらえる雰囲気のある現場は、本当にイキイキとしていました。ギスギスした空気がなく、みんなが楽しそうに働いていて、終わるときには本気で泣いているメンバーもいたくらいです。

打ち上げの席で「得意リスト」を作った経緯を聞いてみたところ、実はそのディレクターは、以前は苦手の克服を強要していました。その結果、ストレスを抱えたメンバーとの間で衝突や反発が絶えず、全体の半分が辞めてしまったこともあったそう。このままではまずいと思い、自分自身を改め、見方を変えるために書き始めたと教えてくれました。


「この人が得意なことを見つけよう」


その意識があると、職場の雰囲気だけではなく、仕事の質やスピードも変わってきます。

適材適所と言いますが、人は自分の得意なことや向いていることに対して存分に力を発揮します。逆を押しつけられるとストレスが溜まり、争いも増えやすくなります。

人が気持ちよく動ける場所にこそいい空気が生まれ、いいチームが育つのです。

31 気がきく人は、相手の得意に注目する！

32
気がきく人は素直に「わからない」と言い、気がきかない人はわかったふりをする。

相手が「わかった」と言ったので安心していたら、実は全然わかっていなくて大変なことになった、という経験はないでしょうか。

以前、後輩指導をしていたときに、これで大きな失敗をしたことがあります。

あるパソコンソフトの使い方について「わかります！」と言っていたので任せていたら、まったく理解しておらず、締め切りに間に合わずにお客さまにも大迷惑をかけることになってしまいました。私以上に半泣きになっている後輩を見て、もう少し踏み込むべきだったと深く反省しました。


人はその強弱に違いはあれ、「虚栄心」や「羞恥心」を持っているものです。

「虚栄心」とは自分を大きく見せようとする心、「羞恥心」とは恥ずかしいと思う心のことです。その裏には、「無知だと思われたくない」「無能だと思われたくない」といった心理が隠されていると言われています。

これは、「実際に自分がどういう状態か」より、「周りからどう見られるか」を気にしている状態と言うこともできます。

さらに、虚栄心が大きくなると、実際以上に自分は物事を知っていると思い込んでしまうこともあります。心理学では「**オーバークレーミング**」とも呼ばれています。

これが働くと、極端な話、世の中に存在しない言葉にすら自信のある態度で「知っている」と答えてしまうようなことが起こります。その自信に溢れる言い方や態度に、周囲も巻き込まれ、結果的に物事を複雑にしてしまいかねません。

これを理解しているからこそ、**気がきく人が大事にしているのは、いい自分をアピールすることより、わからないことは「わからない」と言うこと**なのです。

以前、リーダー研修で、こんな質問をしたことがあります。

「立場が変わったことで言いにくくなったと感じている言葉はありますか？」

これに対する回答で、もっとも多かったのが「わからない」でした。

リーダーという立場上、体裁もあるため、わからないことがあっても「わからない」と言えないと感じている人が多いのです。さらに、そんなときはどうするのかと尋ねると、「とりあえずその場で言える言葉を伝えて、必要があれば後で修正する」という回答が多く見られました。

言いにくいという気持ちもわかるのですが、これは人間関係、特に信頼を築きたい関係において、混乱と分断を生みやすいとても危険な方法です。

「わからないことをわからないと言わずにごまかす」のは、「知ったかぶり」をしているのと同じです。その場しのぎにしかならず、場合によっては堂々と嘘をつくことにもなりかねません。

仕事において大切なのは、周囲からできると思われる人間になることではなく、実際にできる人間になっていくことです。はりぼてではない実力と正直さを身につけることで、周囲からの信用や信頼はどんどん高まっていきます。

気がきく人はそういうところに気をまわし、素直に振る舞うことを心がけているので、立場が上になっても、周囲がその言葉を素直に信じ、安心してついてきてくれるのです。

わからないことに対してわかったふりをしたところで、得られるのは一時の安心感だけです。その一時の安心感と引き換えに失うものの大きさを考えたなら、「わからない」と素直に伝えた方が得られるメリットはずっと多いでしょう。

近年は特に、時代の変化のスピードがどんどん速くなっています。目まぐるしく変わる世の中で、どんなに経験を積んでいても知らないこと、わからないことが増えていくのは必然です。「知らない」「わからない」は、むしろある方が自然です。

「わからない」という言葉にどうしても抵抗がある場合は、「**初めて聞いた**」と言い換えてみるのもいいですね。知識不足を素直に認める習慣ができると、ごまかし癖がなくなり、もっと相手と素直に向き合えるようにもなっていきますよ。

32 気がきく人は、「わからない」こともきちんと伝える！

33

気がきく人は感謝・即実践・報告、気がきかない人は了解・後実践・放置。

気がきく人は頼り上手でもあります。気を配りながら相手をうまく巻き込んでいくことができるので、協力を得やすく、仕事や作業もスムーズに進めていきます。

頼り上手というと、お願い上手と捉えがちですが、決してお願いの仕方が上手なだけではありません。

気がきく人がしているのは、「**感謝・即実践・報告**」をセットで行うことです。

受付の仕事をしていたとき、受付の横にカフェスペースがある場所で働いていたことがあります。カフェスペースには、休憩時間になると様々な部署の人たちがやって来て、各々の時間を過ごしていました。

そのスペースをよく利用しに来ていた営業部のYさんという人がいました。

気さくに話しかけてくれ、いつも朗らかで優しげな雰囲気のYさんだったのですが、ある日珍しくいらだっている様子でいたことがありました。

気になって聞いてみると、どうやらある一人の部下の教育にとても手を焼いているとのことでした。その部下は、教えたことにはいつも元気よく「わかりました！」と言うのですが、実行に移すのが遅く、ときには放置することもあるというのです。

その部下から困っていると相談されて、時間をとって丁寧に教えても、それが活かされているようには見えず、教えた意味や意義をまったく感じられないとのこと。「こんなことばかり続くと、教える気も失せるよね。教える責任もあるし、見捨てるようなことはしたくないけど、正直なところ、この人の担当は外してほしいなと思うこともあるよ」とこぼしていました。

実はこういうことはよくあるものです。というのも、「わかりました」と言葉にするのは簡単ですが、実際の理解度には次のように5段階の深さがあるからです。

第1段階　言葉がわかる

第2段階　内容がわかる
第3段階　意味がわかる
第4段階　理由がわかる
第5段階　意図がわかる

伝え手がもっともわかってほしいのは、第5段階の部分です。

けれども、聞き手は第3段階の理解で「わかりました」と言っていることがよくあります。

このズレが大きいほど後で問題になりやすく、「わかったって言ったでしょう」「そこまではわかってなかった」といったような不毛なやりとりが生まれやすくなるのです。

気がきく人ほど、教えてもらったことに対してはそう簡単に「わかりました」と言いません。

代わりに、感謝を伝え、即実践します。もちろんその後の報告も忘れません。

もしそこで足りない部分や間違った部分に気づいたら、また即修正して実践・報告を繰り返していくのです。

「ちゃんと理解できている人ほど、〝わかりました〟じゃなくて〝ありがとうございます。やってみます〟って言うんだよね。そういう人には何でも協力してあげたいと素直に思える」、先のYさんもそう言っていました。

相手に「この人にはもう教えたくない」と思わせてしまったら、そこからの成長はなく、人間関係も育っていきません。それに、簡単に「わかりました」と言ってしまうと、自分でもわかった気になってしまうこともあります。

何かを教えてもらったら「ありがとうございます。やってみます」とまず言って、即実践するということを習慣にしていきましょう。教えた方はその経過も気になるものですから、もちろん報告することも忘れずにしたいですね。

33 気がきく人は、簡単に「わかりました」と言わない！

34

気がきく人は名前で呼び、気がきかない人は役職や肩書きで呼ぶ。

まだ働き始めて間もないころ、当時の上司は私のことを「新人」と呼びました。

「新人さん、こっちに来てもらえる？」

「それ、新人に教えておいてもらえる？」

新人であることは間違いないですし、経験もほとんどなかったので、会社というのはそういうものかと受け止めようとしました。けれども、何となく釈然としないものを感じたことを覚えています。

名前は、人の何よりのアイデンティティーであると言われています。

名前を呼ぶことで、「人」が「その人」になります。他でもない自分として扱われることは、喜びや嬉しさといったポジティブな感情を生み出してくれるのです。

イギリスのニューカッスル大学の研究に、「**名前をつけられた牛が出すミルクの量は、そうでない牛よりも多くなる**」というものがあります。名前を呼ばれることによって、牛の幸福感が増し、リラックスするからではないかと分析されています（ちなみにこの研究は、「人々を笑わせ、そして考えさせてくれる研究」に対して与えられるイグノーベル賞を受賞しています）。

これは確かに、牛が受けた影響力によることでもあるでしょう。

でも、人間側の影響力も無視できないのではないでしょうか。名前をつけたことにより、牛への愛情をより強く感じるようになったことで、接し方やケアがより丁寧になり、牛の状態がよくなったということも考えられますよね。

名前を呼ぶ効果はそれだけではなく、「**社会的手抜き**」を防ぐことにもつながると言われています。「社会的手抜き」とは、集団心理の1つです。作業を行う際に、集団で行うか一人で行うかによって発揮する力の出し方が変わる、というものです。

フランスの農学者リンゲルマンは、これを綱引きで実験しました。綱を引く力が、仲間の人数によってどのように変わるかを比較したのです。

この結果、一人で綱引きをする際の力を100％とすると、「2人なら93％」「3人なら85％」「8人なら49％」と、人数が増えるほどに低下していくことがわかりました。その主な要因は、「自分がやらなくても、誰かがやってくれるだろう」という意識です。

その他大勢の中の一人になると、責任感が薄れてしまい、持つ力を十分に発揮できなくなると考えられています。


〝個〟を大事にすること、つまり〝名前を呼ぶ〟ということは、単なる呼びかけではなく、それを通じて自分の中にも相手の中にもポジティブな感情を生み出し、相手の持っている可能性や能力をしっかり活かすことができるのです。


こういったことからも、気がきく人は、どんなときも必ず名前を呼ぶことを習慣にしています。

「○○さん、お願いします」といった、本人に対する指示・指導や依頼ごとを伝えるときはもちろん、本人以外の第三者に話をするときもきちんと名前を使います。

「あの人」「彼女」「彼」といった言い方や、役職や肩書き、立場を名前代わりに使うことはありません。

特に相手が高い肩書きを持っている人だと、それを呼んだ方が敬意になると思っている人もいます。

けれども、**肩書きや役職は名前ではなく、立場を表す記号です。**同じ記号を持つ人はたくさんいますし、名前のように固定しているものではないため、ときが経てば変わります。

どんな場所・状況でも、人に対するもっとも敬意ある表現は名前を呼ぶことです。人は自分を認め、個人として大事にしてくれる人を好ましく思うものです。名前を呼ぶことは言わば愛情表現の１つ。相手とのいい関係を築く強い土台になっていきます。

34　気がきく人は、名前を大事にする！

35

気がきく人はお願いと理由をセットにし、気がきかない人はお願いだけの単品で伝える。

人に動いてもらいたいとき、あなたはどう伝えていますか？

①やってほしいことを端的に伝える「これをやって」
②やってほしいこととその理由を伝える「○○なので、これをやって」

時間がなかったり、説明している余裕がなかったりすると、人は①のように細かいことを端折ってしまいやすくなります。「相手が理解する」ことよりも、「相手が動く」ことを優先し、「いいからやって」という態度を取りがちです。

ですから、①のタイプの人がよく言うのは、「とにかく」「細かいことはいい」「余計なことは考えなくていい」「言われたことだけやってくれたらいい」などのセリフです。

しかし、これでは人は気持ちよく動いてくれません。

人が行動を起こすには、「共感」と「納得」が不可欠だからです。

つまり、「何をするか」の前に、「何のために」がわからないと、スムーズに行動できないものなのです。


小さい子どもを持つ親同士の会話で、「子どもが思うように動いてくれない」とこぼす人は多くいます。

例えば、出かけようとしているときに、のんびりしている子どもに「早くして！」と言っても、なかなか動いてくれません。イライラしてつい「早くしてって言ってるでしょ！」と畳みかけてしまう。その結果、子どもが泣き出したりして、より行動が遅れることになり、イライラはさらに募る……。

「早くして」と言っているのだから、早く動いてくれればいいだけなのになんで、と思ってしまいがちですが、まだまだ脳も未発達な子どもにしてみれば、理由もわからないのにただ早くしろと言われても、動く気にはなれません。「電車に遅れそうだから」「今出ないと約束の時間に着けないから」など、どうして早くする必要があるのかを具体的に伝えていないため、急ぎたくない子どもにしてみれば早く動くスイッチが入らないのです。

これは、大人にも共通した心理です。

この心理は「**カチッサー効果**」と呼ばれています。〝ある働きかけによって、人は深く考えることなく反応する〟というもので、特に、要望に理由があるかどうかだけで、人の反応が変わると言われています。

アメリカの心理学者エレン・ランガーが行った心理実験では、コピーの割り込みをお願いする際、ただ「コピーを取らせてください」と依頼するより、「急いでいるので、コピーを取らせてください」と理由をつけた方が、順番を譲ってくれる確率が上がったという結果が示されています。もっと言えば、「コピーを取りたいので、コピーを取らせてください」といった明確な理屈がない理由であっても、同様の結果が見られたそうです。人は理屈よりも理由に反応し、行動しやすいのです。

先日、工事現場の近くで交通整理をしていた人が、私を含めた歩行者の流れを止めました。「少々お待ちください」とだけ言って、そのまま足止めする格好になりました。朝の通勤時間帯だったこともあり、人はどんどん増えていきます。立ち止まって見ていても、大きな音がするわけでもなく、なぜここで止められているのかわからない状態でした。

痺れを切らした一人の男性が「いい加減に通してくれよ！」と怒鳴ったところ、交通整理の人はそこで初めて、「申し訳ございません。この先の道路でトラックが方向転換をしておりますので、もう1～2分だけお待ちください」と言いました。「だったら最初からそう言えよ！」と、先の男性はかなりいらだっていました。

理由もわからず要望だけ伝えられるのは、ストレスとなり会話をとても攻撃的にさせてしまうことがよくあります。そして理由を伝えるといっても、「後づけの理由」はさらに関係性に悪影響を与えます。**要望があるときは理由をつける、そしてそれを「先に」言うことも忘れないようにしましょう。**

35 気がきく人は、理由を「先に」言う！

第5章

口癖編

36
気がきく人はSワードを使い、気がきかない人はDワードを使う。

相手を不快にさせてしまう〝Dワード〟という次のような言葉があります。

・だけど、だけどさ、だけどねえ
・でも、でもさ、でもぉ～
・だって、だってさ、だってだよ
・どうせ、どうせさ、どうせだよね

Dから始まるこれらの言葉の後には、自然とネガティブな言葉が続くので、否定的な印象が強くなってしまいます。

気がきかない人は、これらを1つだけではなく次のように複数組み合わせていることがよくあります。

1「○○というところが人気で面白いらしいから、週末に行くんだ」
↓「でも、週末天気悪いらしいし、どうせ混んでるんじゃないの」
2「あの映画、すごく面白かったよ」
↓「だけどあの俳優はイマイチでしょ。だって、前の作品なんかがっかりだったもん」
3「こんなことがあって、今悩んでるんだよね」
↓「でもそのくらい大したことないよ。だって私なんかもっと大変なんだよ」

本人としては素直な気持ちを言っているだけと思っていることも多いのですが、言われた方にしてみれば、最初からいきなり否定された気持ちになります。
特に3のケースなどは、言った方は励ましているつもりのときもあるので、相手が不満そうな顔を見せると気を悪くして、腹を立てたりする場合も見られます。

実は、否定的な物言いをする人は必ずしもそうした考え方を持っているわけではなく、

話し始めに出る口癖が、否定的な言い方を自然と引き出してしまっていることが多いものです。和歌の「枕詞」のように、先に出した言葉に合わせた言葉がつながって出てくるイメージです。

ですから、気がきく人は、話し始めの言葉にいつも気を遣っています。もっともよく使う言葉が「**そうなんだ**」もしくは「**そうなんですね**」であることが多いです。

先ほどの1に答えるなら、「そうなんだ、それは楽しみだね。晴れますように」

2に答えるなら、「そうなんだ、私も観てみようかな。どのあたりが特に面白かったの？」

3に答えるなら、「そうなんだ、よかったら話聞くよ」

「そうなんだ」という言葉には、否定的な意味はもちろん、感想や判定の意味合いは含まれません。これは「メッセージを受け取っていますよ」というサインの意味合いが強い言葉です。

気持ちのいい会話をする人たちは、この「そうなんだ」のように、「**そうだよね**」「**そっ**

か」「それいいね」などのSから始まる言葉のバリエーションをたくさん持っています。

〝Dワード〟ではなく〝Sワード〟ですね。

〝Sワード〟は後につながるものがおのずと肯定的になりやすいので、人づきあいにおいては大きなプラス要素になります。

つい「でも」と言ってしまう人は、どんなときも「そうなんだ」という言葉を最初に使うことから始めてみてください。自分の考え方も自然とそちらに向いていきやすくなります。

36 気がきく人は、肯定的に話し始める！

37

気がきく人は「ちゃんと話そう」と言い、気がきかない人は「もういい」と言う。

コミュニケーションにおいて、会話を強制終了させ、相手との間に分厚い壁を作る言葉があります。私はこれを〝**シャッターワード**〟と呼んでいます。

これは、その名の通り、相手に対してシャッターを下ろすような言葉です。相手に口を挟む余地を与えず、一方的に強い拒否を伝えます。

その代表例が「もういい」です。

腹を立てたり、面白くない気分を感じたりすると、すぐに「もういい」と言う人がいます。よくよく話を聞いてみると、「もういい」とは思っていないからこそそう言っている、ということが多いものです。

私もかつて、話の途中で相手の気を悪くしてしまい「もういい」と言われたことがありました。その人はよくその言葉を使う人で、ほとんどの場合、そうなるともうそれ以上話しかけられる雰囲気ではなくなります。どうしたらいいかと考え黙っていたら、「何か言うことないわけ？」とさらにいらだった様子で言われたこともありました。

冷静になったときに改めて聞いてみると、「もういい」と言っていてもそこで本当に終わらせたいわけではなく、「もういい」と突き放すことで、相手から歩み寄ってくることを期待しているのだと言っていました。

話を終わらせたいわけではないことに安心はしたものの、歩み寄りのためにわざと冷たく突き放すという部分には少し残念さと違和感を感じました。

「もういい」と言って自らシャッターを下ろして鍵をかけてしまっている以上、そこに歩み寄りの余地はありません。強制終了の言葉なので、パソコンなら画面は真っ暗、すべての会話はそこで終わってしまうのです。

気がきく人は、決して「もういい」とは言いません。

それを言わないというより言いたくないと考えており、どんなことでも途中で切らず、納得いくまでしっかり話すことを大事にしています。

ですから、特に話し合いの場でよく使う言葉は、「**ちゃんと話そう**」です。相手から攻撃的な言葉や耳の痛いことを言われて腹が立ったとしても、気分のままにその場を去るのではなく、自分が落ち着くためにも「ちゃんと話そう」と言います。

仮に相手が「もういい」と言ったとしても、「ならこっちももういい」とはならず、「いや、よくないよ、ちゃんと話そう」と伝え、会話を続けようとします。

ただし、相手は少し考える時間がほしくて「もういい」という言葉を使うこともあります。そういう場合に無理に食い下がるのは気遣いに欠けます。勢いからつい出たのか、冷静さを持って出たのか、相手の表情や言い方の強弱にも気を配ることが大事です。

ポイントは、**相手も自分も責めない**ことです。

相手の態度を責めるでも、自分を責めて謝るでもなく、コミュニケーションを取ろうという姿勢を崩さないことに気を配っています。その想いが「ちゃんと話そう」という一言の中にぎゅっと詰まっているのです。

「もういい」の他にも気をつけたい「シャッターワード」は次のようなものです。

・もううんざり
・もう知らない
・もうどうでもいい
・勝手にすれば
・好きにすれば

もし自分の口癖に心当たりがあったら、少し気をつけて減らしていきましょう。こういう言葉と共に会話を諦める前に、「ちゃんと話そう」という意識と言葉を持つことで、もっと相手と本音で向き合うことができるようになっていきます。

37
気がきく人は、会話を諦めない！

38

気がきく人は「できる」と言い、気がきかない人は「どうかなぁ」と言う。

「これお願いできる？」と言われたとき、あなたならとっさに頭にどんな言葉が浮かぶでしょうか。

・「どうかなぁ」「今はちょっとわからない」
・「厳しい」「難しい」

このような言葉を返す理由として、できない約束をするのはかえって失礼と考え、確実にできる場合以外は「できる」とは言わない、とおっしゃる方が結構います。確かに、それも相手のことを考えた対応です。

けれども、頼み事をする方にしてみれば、「少しくらい考えてくれてもいいのに」とか、

「やってみもしないで、どうして最初からそう言うの？」なんて思っていることが少なくありません。それが続くと、そういう人を〝非協力的〟というカテゴリーに入れ、「あの人には言っても無駄」と距離を取るようになることもあります。

気がきく人は、仮にそのときに手一杯だったとしても、「わからない」「難しい」といった意味合いの言葉は使いません。

ひとまず一旦引き取ってから、補足としてできる範囲を伝え、相手の意向を聞きます。例えば、「多分できるよ。ただ今片づけている作業があるから、取り掛かれるのは2時間後くらいになりそうかな」といったように、**「できる」＋「できる条件」**という言い方をします。

もちろん、相手がいつもそれで納得できるとは限りません。「それでは困る」ということもあるでしょう。そういうときにも、「ならば無理」ではなく「どうすればできるか」を前提に、おたがいの妥協点を探っていきます。

この「できる」＋「できる条件」を伝えるというのは、ビジネスシーンはもちろん、様々なケースにおいて応用ができます。

「明日の試験、うまくいくかな」
↓「きっとうまくいくよ。後はベストを尽くせばいいだけだよ」
「今からでも間に合うかな」
↓「多分間に合うよ。ただ、かなり急ぐ必要はありそうだね」

すぐにできないようなことであるほど、つい「いや、今無理だから」とか「どうかなぁ」なんて言い方をしてしまいがちです。

けれども、**仮に結果が思うようにならなかったとしても、「できる」と言ってくれたその事実は、感謝や喜びとなって相手の中に残ります。**

誤解しないでいただきたいのは、どうしてもできないことや無理なこと、やりたくないことでも、とにかくすべてに対して「できる」と伝えましょうと言いたいのではありません。やれる可能性がゼロでない限りは、その余地を大事にした伝え方をする方が、相手への心配りになるということです。

以前、職場である企画を出したとき、予算や人員のことを考えるとかなり厳しい状態で、多くの反対意見が上がる中、「できるんじゃない？」と言ってくれた上司がいました。「ただ、色々削らなきゃならないことは出てくるから覚悟はいるけどね」そう付け加えてはいましたが、私は、一人でも「できる」と言ってくれる人がいたことがとても嬉しくて、そう言ってくれた上司のためにも、絶対やり遂げようと強く思いました。結果、紆余曲折ありながらも、なんとか形にすることができました。

「できる」という可能性を共有できることが、人のつながりを強くし、前に進むエネルギーを生み出していきます。未来が不確かであるからこそ、「できる」を口癖にする人の方に、人は集まっていくのです。

38 気がきく人は、可能性を大事にする！

39

気がきく人は「これがいいな」と言い、気がきかない人は「なんでもいい」と言う。

「なんでもいいよ」

相手への気遣いのつもりでついこう言っていることはありませんか？

ここに込められているのは、「私はなんでもいいよ、あなたの好きなものでいいよ」という想いです。多くが相手の「好き」を尊重したいという気持ちから言っているので、もちろん悪気がないことがほとんどです。

けれども、**実は言われる方が一番困る言葉とされているのも、この「なんでもいい」**なのです。

私は新人研修を受けていたころ、最初にこんなことを教わりました。

「人間誰しも、得意があれば不得意があるし、好きなものがあれば嫌いなものもある。ここでは、広く浅くできる人ではなく、狭くていいから深くできる人になってください。〝なんでもできる〟は、〝すべてが中途半端〟と同じ意味。〝なんでもいい〟は〝どうでもいい〟と同じ意味。それを心に留めておいてください」

確かに、「どこ行きたい？」「何食べたい？」「何をしたい？」と聞かれて、「どこでもいい」「なんでもいい」と答えるのは、「行きたいところも食べたいものもしたいこともないので、どうでもいい」と言っているのに等しい印象があります。

「相手が決めてくれれば、別に文句は言わない」と思っている人もいるかもしれませんが、何かを考え決めるというのは案外エネルギーを必要とするものです。心理学でも、「**決断疲れ**」といって、繰り返し意思決定をしていると、脳が疲労し、決断力やその質が落ちていく、と言われています。

つまり、**何かを決めるというのはそう楽で簡単なことではない**のです。

ですから、それを相手に丸投げするのは、実は酷なことでもあるわけです。人は何かを決めるにあたって、ヒントとなるものがほしくて相手に意見を求めます。そこで「なんでもいい」と言われてしまうと、がっかりしたり疲労を感じたりすることがあります。

気がきく人は、相手の負担をなるべく減らすことを大事にしています。

「なんでもいい」という言葉を使うことは滅多にありません。「好き」を明確に言葉にするか、明確なものがない場合でもイメージを伝える言い方をします。「何がいい？」といった質問には、「～がいいな」という言葉を使っています。

例えば、「何食べたい？」と聞かれて、「好き」が明確な場合は、「そばとか麺類が食べたいな」と具体的に言い、明確に食べたいものがないときは、「エスニック系とか辛いものがいいな」と近いイメージを言います。

ここで大切なポイントがもう1つあります。**「～がいいな」を伝えるときは、小さい例と大きい例の2つを一緒に挙げる**ということです。

先の例なら、「そばとか麺類」「エスニック系とか辛いもの」という伝え方です。というのも、小さい例1つだけだとそれ以外の選択肢を排除してしまうことがあるからです。

「そばがいい」と限定してしまうと、もし相手がそばアレルギーだったりしたら、相手はあなたのアイデアを否定せざるを得なくなってしまいますよね。エスニック系も苦手な人はいますから、そう言われて困ってしまうかもしれません。

相手が選択できる余地を残すために、大きい例を一緒に入れると、もっと気持ちのいいやりとりになっていきます。

大きい例を考えるには、小さい例が含まれるカテゴリーをイメージしてみましょう。例えば食事なら「そば」と「麺類」、「お寿司」と「和食」、場所なら「海」と「水辺」などが考えられます。

人づきあいにおいて「相手を疲れさせない」という気配りはとても大事です。「好き」を伝えることを遠慮しない方が、かえって相手に喜ばれ、関係が長く続きやすくなりますよ。

39 気がきく人は、「好き」を2種類伝える！

40

気がきく人は「念のため」と言い、気がきかない人は「前にも言ったけど」と言う。

人間誰しも、時間が経てば記憶は薄れ、覚えていたはずのことがいつの間にか頭の中から消えている、なんてことがあるものです。

いくらこちらが忘れないでほしいと思ったとしても、相手の頭の中をコントロールできるわけではなく、うっかり忘れられてしまうことはよくあります。

気がきかない人は、相手が忘れることを許せず、場合によっては非常に腹を立てて相手を責め立てたりすることがあります。

もちろん、約束事など相手が関わっていることを忘れずにいることは大切なことですし、忘れないように工夫することも必要です。けれども、わざと忘れたわけではないのに必要以上に強く言われることは、不要な言い合いを招きやすくなります。

これはそもそも、「ちゃんと伝えたのだから、忘れないはずだ」という考えが引き起こしていると言えます。その考え方が「忘れないはずのことを忘れているなんてどういうことだ」という怒りを生み出しているのです。

その点、**気がきく人は、最初から「忘れることもあるかもしれない」と考え、相手が忘れる可能性を考慮しています。**

ですから、どんなことも投げっぱなしにはせず、確認を丁寧に行います。

その際によく使っているのが、**「念のため」**という言葉です。

「忘れるかもしれない」と思っているとしても、あまりにしつこく確認をしては、相手に「信用していない」という印象を与えかねません。

心理学に「**自己成就的予言**」というものがあります。これは、アメリカの社会学者ロバート・K・マートンが提唱したもので、未来の出来事に対して「こうなるだろう」と予測すると、仮にそれがその通りではなかったとしても、予測した人の行動を通して現実化するというものです。

例えば、「きっと試験に失敗するだろう」と繰り返し考えていると、その不安が集中の邪魔をして勉強時間に悪影響を与え、結局失敗してしまいやすくなるのです。

だからこそ、「念のため」なのです。

「念のため」には「万が一に備えて」という意味があります。「忘れるかもしれない」という予測を現実化させないために、あえて言葉で予測を断ち切るような効果があります。

「念のためもう一度言っておくね」

「念のため確認してもいい？」

こういった言い方は相手に対する信用を前提として伝わります。

同じ確認でも、「前にも言ったけど」といった言い回しを使うと、忘れることが前提に変わってしまい、「忘れると思うからもう一度言う」という意味を含めて相手に伝えることになります。これが責められているような印象となって受け取られやすいのです。

「念のため」という言葉は、聞きにくいことを聞きたい場合にも使うことができます。

私はコールセンターで働いていたころ、名前や電話番号や住所などを聞くときに必ずつけるようにしていました。というのも、手続き上必要とはいえ新規ではないお客さまには、「電話番号も住所ももう知っているはずなのにどうしてまた聞かれなければならないのか」というらだちを感じさせることがあったからです。

ただ尋ねるだけだと、「もうそっちでわかってるはずでしょ。どうして何度も聞くわけ？」と言われてしまうことも少なくなかったのですが、「念のためにお伺いしてもいいでしょうか」と尋ねると、ほとんどの場合すっと答えてくれました。

「念のため」には、自分のためにというより、おたがいの安心のために伝えているという印象を与える効果があります。確認や依頼の際には特に、この言葉を取り入れてみることをおすすめします。

40 気がきく人は、「念のため」をうまく使う！

41

気がきく人は「とはいえ」と言い、気がきかない人は「ほらね」と言う。

どんな物事も、見方によって見え方は変わります。例えば、シマウマを見て「黒地に白の縞」と見ることもできれば、「白地に黒の縞」と見ることもできます。

物事の見方・言い方は、その人次第で自由に変えることができるものです。

ところが、気がきかない人は、違う見方があることを忘れ、つい1つの見方や考え方に捉われてしまいます。「こうだからこう」と一旦決めてしまうと、そこから離れることができず、相手を不快な気分にさせてしまうことも少なくありません。

それを象徴するのが、気がきかない人がよく言う「ほらね」という口癖です。

何かうまくいかないことがあると「ほらね、言った通りでしょう」

相手に不満を持つと「ほらね、やっぱりあなたってそういう人だよね」
ミスが起きると「ほらね、そうなると思ってたよ」

ここに隠されているのは、「ほらね、私は間違っていない」という考え方です。
これは自分の見方や考え方が正しいということを主張するための言葉で、遠回しに違う意見や考え方を否定しています。これでは言われた方ももちろん面白くありませんから、人間関係に影を落とすきっかけになったりします。

それに対して、気がきく人は、物の見方や言葉を転換させることがとても上手です。
つねに物事を多角的に見て考える習慣があるので、口癖でも「**とはいえ**」という言葉が頻繁に出てきます。

何かうまくいかないことがあっても「とはいえ、ここはうまくいったよね」
相手に不満を持っても「とはいえ、本音が聞けてよかったよ」
ミスが起きても「とはいえ、このくらいで済んだのは不幸中の幸いだよね」

自分の考え方に捉われることなく、相手を認め、相手の見方も尊重する意識が伝わるため、落ち着いた穏やかなやりとりをすることができます。

気がきく人は、言ってみれば、〝七色のメガネ〟を持っているのです。

これは、七色にレンズが変化するメガネです。どの色のレンズを通して見ているかで、世界は変わって見えると知っています。ですから、自分の好きな色だけではなく、様々な色を通して見て、偏りのない見方をすることを心がけています。

気がきかない人は、一色、しかも色の濃いサングラスをかけて世の中を見ています。全体的にダークな色味の中で、場合によってはよく見えていないことすらあります。そのため、今見えているものの状態や雰囲気を、「きっとこうだろう」という予測で決めつけてしまっているのです。

気がきく人がしているように、サングラスから七色のメガネに掛け替えるには、次の「**リアプレイザル**」や「**リフレーミング**」を意識するのが有効です。

リアプレイザル＝「再評価」ネガティブな感情を再評価して、新たな意味づけをする
リフレーミング＝「枠組みを変える」枠組みを外して、別の視点・捉え方で見つめる

例えば、嫌なことをされて「なんて失礼なんだ！」と考えるのではなく、「何か辛いことでもあってイライラしているのかな」と転換させるのがリアプレイザル的方法。「あの人って落ち着きがないよね」ではなく「あの人は行動力があるよね」と転換させるのがリフレーミング的方法。どちらも、〝捉え方を変える〟という意味では同じ考え方です。

そういった考え方に近づけてくれるのが「とはいえ」という言葉です。
違う捉え方を生み、決めつけによる誤解や争いを減らすことができる言葉で、気がきく人がよく使います。ネガティブな想いが生まれたら、まずこれをつぶやいてみることを習慣にしてみましょう。

41 気がきく人は、相手を認め尊重する！

第6章

考え方編

42

気がきく人はみんな違うと考え、気がきかない人はみんな同じと考える。

イギリスに留学していたとき、共同キッチンがある寮に住んでいました。

私の部屋があったフロアには、アメリカ人やコロンビア人、台湾人などがいて、たまに彼らの友人たちが遊びに来ることもあり、実に多国籍な人が同じキッチンを利用していました。

たまたま夕飯のタイミングが重なったときに、話の流れから偏見や差別についてみんなで話したことがありました。ちょうどそのとき、演劇クラスでは、偏見をテーマにした脚本の舞台作りをしており、その場にその仲間が何人かいたこともあって、それぞれの文化や環境を背景に活発な意見交換会になりました。

偏見や差別そのものについては、反対の立場を持っているという点ではみんなが共通していたのですが、１つ大きく違っていることがありました。

それは、そう考える理由です。

そのときの私は、「みんな同じ人間であるはずなのに、偏見や差別などおかしい」と思っていたので、それを表現するために〝same（同じ）〟という言葉を使いました。

すると、即座に何人かが「そうじゃないと思う、そこは〝different（違う）〟という言葉の方が合っている」と言いました。つまり、「みんな違う人間なのが当たり前なのだから、偏見や差別はおかしい」ということです。

ハッとさせられました。

私の中ではいつの間にか、**「同じである」ことが当たり前になっており、その考え方は同時に「同じであるべき」という枠にはめて考える癖を作っていました。**

確かに、そこにいるみんなが、「違う」人でした。国籍も文化も言語も違う。同じなのは「人間である」という部分だけかもしれません。

こういう考え方が生まれる背景には、日本という国の文化的特徴もあるのでしょう。

日本は「和の文化」と言われ、「同調」することを求める傾向が強いと言われています。「迷惑をかけないように」という意識が高いため、他と違う言動は慎むことをよしとしやすいのです。こういう文化の中では「同じ」がキーワードであるため、自然と「みんな同じなのだから」という言い方につながりやすいのかもしれません。

周囲との和を大事にするというのは素敵なことですが、「同じ」を求める気持ちが強くなりすぎると、「同調圧力」というプレッシャーとなり、息苦しい状態を作ることもあります。

ですから、**気がきく人は、意識的に「同じ」ではなく「違う」という前提に立ちます。**何事も「みんな違う」という考え方からスタートするので、違いを責めたり、正そうとしたりすることはありません。むしろその違いを、発見や気づきに変えて楽しんでいたり、違いがあること自体を喜んでいたりする節すらあります。

寮の友人は、日本語的英語から抜け出せず、英語の上達に悩んでいた私にこんなことを言ってくれたこともありました。

「どうしてネイティブと同じでなければならないと思うの？　あなたは日本人なのだから、日本人らしい英語でいいじゃない。ファッションに個性があるように、言葉にも違いや個性があるのが当たり前だし素敵だと思う」

うまく話せない自分が恥ずかしくて、積極的に会話ができなくなっていた私にとって、その言葉は本当に救いの言葉になりました。

「同じでなくていい」。相手がそう思ってくれていると思うだけで心が楽になり、特にその友人には気兼ねなく安心して話ができるようになりました。

「同じ」であることが仲のよさのバロメーターなのではありません。むしろ「違い」があることを認め尊重し合える関係を、真の仲よしと言うのではないでしょうか。

「人はみんな違う」ということを大事に、フラットで安心感のある関係を作っていきましょう。

42
気がきく人は、「違う」を前提に考える！

43

気がきく人は相手をただ受け止め、気がきかない人は流れで相手に合わせる。

多くの人が「揉め事のない気持ちのいい関係」を望んでいます。そのために、相手を否定しないようにと心がけ、自分の言動に気を配って過ごしている人も多いことでしょう。

ところが、そうやって気をつけて過ごしているにも関わらず、思うように「気持ちのいい関係」が築けないという人は少なくありません。表面上はうまくやれているように見えるのですが、その裏ではとても苦しくて辛い思いをしているのです。

私はこれを「隠れコミュニケーション不全」と呼んでいます。

明らかにわかるような問題が起きているわけではないけれど、根底の部分にかけ違いが起こっている状態です。

この「隠れコミュニケーション不全」に陥っている方の話を聞いていると、頻繁に出てくる言葉があります。それが「本当は違うんだけど」という言葉です。

例えば、意に沿わないことが起きたり、相手が自分の本心とは違う意見を言ったりしたとき、相手を否定しまい、傷つけまいと気遣うあまりに、つい「私もそう思います」「私もそうです」と〝同感している風〟を装ってしまうのです。争うくらいなら自分が合わせておいた方がまし、と考える方も少なくないようです。

確かに、波風を立てるようなことは防げるかもしれません。

けれども、これを続けていくと自分で自分を苦しめることになってしまいます。

「本当は違う」「本当はそうじゃない」、そういう思いは消えることなく心に残り、引っかかっていきます。相手はあなたも同じなんだと安心して笑っているかもしれませんが、あなたの笑顔はどこか引きつってしまっているかもしれません。

無理な「同感」はその場をやり過ごすことはできますが、長い目で見ると、「いい関係づくり」にはつながっていきません。自分とは違う考えを持つ相手にも、無理に合わせている自分自身にも嫌気が差してしまいます。気を配ったつもりの言動が原因で、人づきあいが嫌になってしまったら、気遣い自体も嫌になってしまうでしょう。

相手を否定しないこととは、「私も同じです」という姿勢を取ることではありません。違いがあることを認めた上で、相手を理解し尊重する姿勢を持つことです。

だから、必ずしも相手と同じにならなくていいのです。

気がきく人は、無理に相手に「同感」しようとするのではなく、自分を大事にしながら相手を尊重する「共感」の姿勢を持つことを心がけています。

具体的には、**「（私も）そうです」ではなく、「（あなたは）そうなんだ」という立ち位置を取ります。**

例えば、ある人物に対して「あの人のことが嫌いだ」と言っている人がいたとしましょう。自分は特に嫌いと思っているわけでもないのに、つい相手に合わせて「私も好きじゃないかも」と言ってしまう。「かも」と濁しているとはいえ、「私も」と言ってしまった以上、話はそれを前提に進んでいくことになります。あなたが嫌いだと言ったことは、当人の耳にも届くこととなり、事態は予想以上に悪くなってしまうかもしれません。

気がきく人は、流れで同感をしません。自分がそう思わないなら「そうなんだ」で収めます。

相手の話を聞き、「そんなことがあったら、そう思うこともあるよね」と、共感的にただ受け止めます。相手も自分も否定せず、嘘をつかないことで、相手に巻き込まれて苦しむことを避けることができるのです。

ただし、共感が大事だからといって、簡単に「わかる」と言うのはおすすめしません。人によっては「わかる」という言葉に対して、「わかるわけない」「適当にあしらわれている」と感じることもあるからです。

共感を示す言葉として、反射的に「わかる」を連発するより、「そうなんだ」という言葉を使ってみるのがおすすめです。

43 気がきく人は、共感的にただ受け止める！

44

気がきく人は「言わなければわからない」と考え、気がきかない人は察してもらうのを待つ。

「こんなこと言わなくてもわかるでしょう」

「これくらい言わなくてもわかってよ」

あなたはこんな風に思ったことはありませんか？

確かに一から十まで全部説明するのは大変ですし、ある程度は言わなくてもわかってい
てほしい、そういう気持ちを持つことはおかしなことではありません。
けれども、冷静に考えてみれば、「言わなくてもわかる」なんてことはあり得ないです
よね。
実際に、こちらが何も言っていないうちに、ただじっと見ていた相手が「あなたの言い
たいこと、わかりましたよ」などと言ってきたら、きっとこう思うのではないでしょう

か。「まだ何も言っていないのに、何がわかると言うの？」「そんなの、見ただけでわかるわけがないでしょう」

「言ってもないのにわかるわけがない」と知っている一方で、「言わなくてもわかるでしょう」と言う。ここには大きなギャップがあり、このギャップこそが、コミュニケーション不全を生み出していきます。

気がきく人は、「言わなければわかってもらえない」という考えのもとに相手と関わっていきます。

ですから、省略したり、ましてや表情や態度だけで察してもらおうとしたりすることなく、丁寧に言葉にすることを大事にしています。

「よかれと思って」

第3章でも触れたように、人づきあいに問題が起こるとき、頻繁に聞くのがこの言葉です。

「よかれと思って言った（言わなかった）」「よかれと思ってやった（やらなかった）」、これが望まぬ結果につながり問題を引き起こしてしまう。そういうケースは少なくありません。

以前働いていた会社で、上司とたまたまお昼が一緒になったときに、会話の流れでとある業務フローが変更になることを聞きました。混乱を招きそうなことでもあったので驚きつつ、（重要事項だし、上司からこの後発表があるのだろうから、余計なことは言わないようにしておこう）と思い、心に留めておくことにしました。

ところが数日後、上司に呼び出され「なぜ業務フローの変更についてみんなに伝えていないのか」とお叱りを受けました。「それは私から伝えてよかったのですか」と聞いたら、「そのために教えたのに」とのことでした。

私も確認すればよかったこととはいえ、合点がいかない気持ちでいっぱいでした。まさに「よかれと思って」みんなには言わずにおいたのに、という想いだったのです。

そんなこともあったので、次に同じようなことがあったときに、今度は私からみんなに伝えたら、「まだ言わないでほしかった」とまたお叱りを受けてしまいました。「聞いたことを私から言っていいのか悪いのか、私には判断がつきません。私から言った方がいいことなのか言わない方がいいことなのかを、その場で教えてください」と伝えたところ、そのときの上司の言葉は「いいけど、わかっていると思ってた」でした。

「言わなくてもわかるよね」と「よかれと思って」、この繰り返しはすれ違いを大きくさせていきます。**何がおたがいにとっての〝よい〟ことなのかは、それをおたがいがしっかり伝えないとわからないのです。**

相手が言葉にしない部分は考えるしかありません。

でも、考えることはエネルギーをかなり消耗します。言葉にされた分だけ理解は早く、そしてしやすくなります。

気がきく人は「相手の負担が最小限になるように言葉を伝える」ので、相手に疲れを感じさせません。言葉にするという気遣いが、長続きする関係を生み出していくのです。

44
気がきく人は、言葉にすることを面倒くさがらない！

45

気がきく人は自分のことも知ってもらおうとし、気がきかない人は相手のことだけを知ろうとする。

コミュニケーションは相手があってこそ成立するもの。

相手のことをきちんと知るために、傾聴スキルや質問スキルを磨くことの大切さが強調され、「聴く力」や「質問力」を学ぶための本やセミナー、研修などもよく見かけるようになりました。

特に質問力において、いい質問には次のようなメリットがあると言われています。

・多くの情報を知ることができる
・思考や考え方を広げることができる
・相手の想いを引き出すことができる
・相手の要望、意向、価値観などを知ることができる

・問題の発見、定義づけをし、解決のヒントを見つけ出すことができる

このように、いい質問ができると人づきあいにはプラスに働きます。

けれども、そこにばかり捉われてしまうと、質問すればするほど相手との間にかえって溝が生まれてしまいます。

実は、気がきかない人がよくやってしまうのが、この〝質問責め〟です。

まだ出会って間もないのに、話を広げて相手のことを知ろうとするあまり、「どこから来たんですか？」「どんなお仕事をされているのですか？」「休みの日は何をしているのですか？」など、質問をどんどん投げかけていきます。

最初のうちはよくても、これが続いていくと、何だか詮索されているような気がしてきて気持ちのいいものではありません。だんだん答えることに抵抗感が生まれ、「ええ、まぁ……」などと言葉を濁すようになったりします。

気がきく人は、相手に質問をする前に、必ず「自己開示」をします。

「自己開示」というのは、〝自分自身のことをありのままに伝える〟ということです。

人は、心を開いてくれる人に対して自分の心を開くものです。これを心理学では「**自己開示の返報性**」と呼んでいます。


あなたも、出身や住んでいる場所、過去の経験や今抱えている悩みなど、自分のことを相手が話してくれたことで、その人に親近感を持ち、自分のことも話しやすくなったという経験があるのではないでしょうか。

例えば「私、以前こんな失敗をしてしまいまして」と相手が言ってくれたことがきっかけで、「実は私も……」と自分の失敗について話し始めるようなことはよくあります。

特に質問をされたわけではなくても、相手が自分を見せてくれたことで、相手に対する心理的ハードルが下がり、自分のことを自然に話しやすくなるのです。


相手のことを知りたいと思う気持ちは素敵なことですが、**相手に心を開いてもらいたかったら、質問を考える前に、まず自分を見せる意識を持つことも必要です。**

「自分のことはいいから、あなたのことを教えて」では、相手は一方的に探られているように感じてしまい、話しにくいのです。

相手との距離感を縮めたいと思ったとき、効果的に自己開示をするためには、**会話に「実は私」から始まるエピソードを加えてみる**のがおすすめです。

「実は」には「打ち明ける」という意味合いが含まれるので、心を開いて話す印象が伝わりやすくなります。「ここだけの話」「あまり言ったことないのだけれど」といったような言葉も同じ効果があります。

「相手を知るには、相手にも自分を知らせること」

その意識を持つことで、人づきあいはもっとオープンに広がっていきます。

45 気がきく人は、自分を見せる！

46

気がきく人は自分のせいと考え、気がきかない人は相手のせいと考える。

コミュニケーションがうまくいかないとき、その原因はどこにあるのでしょうか。

「あの人がああだから、私もこうなるんだ」

「あの人がもっとちゃんと聞いてくれれば、こっちだってきちんと話せるのに」

人づきあいに問題を抱えやすい人ほど、このように「相手のせい」と考える傾向があります。

コミュニケーションは相手があってのものですから、相手の態度や言葉の影響を受けることは少なからずあります。

とはいえ、うまくいかない原因を相手だけに求め、責めるというのも違和感があります。

第1章でも触れたように、会話はよく「キャッチボール」に例えられます。ならば、キャッチボールがきちんと行えるかどうかはおたがいの責任のもとにありますよね。

ピッチャーが投げたボールを、キャッチャーが取り損ねたとして、その原因はキャッチャーだけにあるのでしょうか。ピッチャーがおかしな方向に投げたボールであっても、気分のままに投げた豪速球であっても、それを捕れなかった理由に、ピッチャーの投げ方は含まれないのでしょうか。

何かと相手のせいにしてしまうことを、私は〝**相手依存**〟と呼んでいます。

相手依存とは、自分の行動を相手の行動に依存してしまうこと。先ほどの「あの人があぁだから、私もこうなるんだ」というのがそのもっともわかりやすい例です。

言い換えれば、「あの人がこうしてくれれば、私もこうする」と言っていることになります。これはつまり、自分がどうするのかを、相手に任せているということです。

こう考えているときは、相手もだいたい同じスタンスでいるものです。「まず先にそういうあなたがやればいいでしょう。そしたら私もやりますよ」というイメージです。
これではおたがいに向き合ってはいるものの、おたがいに何もしないという状態を作り出していきます。

以前、電車の中でこんなシーンを目撃しました。ある親子が大きな声で次のような言い合いをしていたのです。

母「なんであなたは帰ってきたらただいまくらい言わないの？」
娘「なんでおかえりって言ってない人に、ただいまと言う必要があるわけ？」
母「あなたがただいまって言えば、こっちだっておかえりくらい言うわよ」
娘「は？　そっちがおかえりって言えば、こっちだってただいまくらい言います」

正直どっちもどっち、ですよね。そばで聞いている身としては、「まぁまぁ、別にどちらからでもいい話じゃないですか」とでも言いたくなります。客観的にはそう言えるのですが、こういったことは実は自分自身の身近でも大変よく起こっていることなのです。

心理学に「**自己奉仕バイアス**」というものがあります。

これは、うまくいったことは自分の能力などの内的要因によるもので、うまくいかなかったことは他人や環境などの外的要因によるものと考えるバイアス（偏った考え方）です。

自尊心やプライドが影響していると言われていますが、これが強く働くと、うまくいかないことをつねに相手のせいにするようになり、人づきあいにヒビを入れてしまいます。

電車に乗り遅れたら「あなたがもっと早くしないから」、忘れ物をしたら「お前がちゃんと確認しないから」、誤解が生まれたら「そっちがちゃんと言わないから」と、日頃からこんな感じでは、言い争いが絶えなくなるのは想像できますよね。

コミュニケーションの責任はつねに自分にあると考えれば、相手の言動に振り回されて不愉快になったり、相手を責めたりすることが少なくなります。その意識を習慣化することで、不要な言い争いを減らすこともできていきますよ。

46 気がきく人は、自分の責任と考える！

47

気がきく人はまず自分を好きになり、気がきかない人はとにかく相手に好かれようとする。

「できれば嫌われたくないし、人に好かれるような人間でありたい」
多くの人がそう思っているのではないでしょうか。
それ自体はおかしなことでも悪いことでもありません。そう考えるからこそ、親切心や自制心が育ち、気遣いにつながっていく部分もあります。

ただ、実際は人に好かれようと無理をするほど相手が離れていくことも少なくありません。

相手に好かれようと無理をして、嫌われることを怖がるあまりに、いつもどこか緊張してビクビクしてしまう。相手はそんな表情や態度に居心地の悪さを感じ、好かれるどころか距離が開いていく……こんなことが起こってしまうのです。

人が好ましく思うのは、「自分のために無理をしてくれる人」よりも「一緒にいて楽に感じる人」です。

例えば、あなたが友人と一緒に遊園地に行ったとします。あなたが「何に乗る？」「何食べる？」と何を聞いても、友人は「あなたが乗りたいもの」「あなたが食べたいもの」と言います。あなたがジェットコースターに乗りたいと言うと、「いいよ」と言ってついてきました。

けれども、実は友人は絶叫系の乗り物が大の苦手で、無理に乗ったら具合が悪くなってしまいました。「休もうか」と声をかけますが、「大丈夫、気にしないで」と無理に笑っています。お昼に食べようと提案したものも苦手な食材があったらしく、無理に食べたためにますます顔色が悪くなっていきます。

もしもこんな状況になったら、どう感じますか？

遊園地を心から楽しめるでしょうか。むしろ「悪いことをしてしまった」という気持ちの方が強くなり、今後その友人を遊びに誘う気にはならないかもしれません。

一緒にいて楽に感じるのは、相手を「喜ばせる・楽しませる」ことだけを考えている人より、自分自身も「喜ぶ・楽しむ」ことを大事にする人の方です。

つまり、**相手のことだけではなく、自分のことも大事にできる人こそ、人に好かれる気がきく人なのです。**

自分のことを大事にするには、自分を好きになることが大切です。

実際に、人づきあいに悩む人の話を聞いていると、多くの方が「自分のことが嫌いです」とおっしゃいます。研修などのワークで、嫌いなところと好きなところを書いてもらうと、嫌いなところはスラスラ書けるのですが、好きなところではピタッと手が止まってしまいます。

でも、自分が嫌いな自分のことを、果たして他人は好きになれるでしょうか。

自分に自信がなく、相手の顔色ばかりをうかがっている人と一緒にいて、本当に楽しめるでしょうか。

相手に好かれたいと思うなら、まずは自分のことをもっと好きになってあげることから始めましょう。

自分に自信が持てなくて好きになれないのだとしたら、「できないこと」より「できること」にもっと目を向けてみてください。

例えば、「走るのが遅い」ことよりも「計算が早い」こと、「話すのが下手」なことよりも「聞くのが上手」なこと、「文章を読むのが苦手」なことよりも「地図を読むのが得意」なことなど、自分ができることを探してみることをおすすめします。

自分に対して自信とポジティブな印象を持っている人の方が、笑顔も前向きな意識や行動も生まれやすくなります。それが相手にとって「無理をしておらず、一緒にいて楽」と感じさせる気遣いとなって、関係自体を心地のいいものにしてくれます。

そのためにも、相手の〝好き〟にだけ注目して合わせるのではなく、自分への〝好き〟も大事にしていきましょう。

47 気がきく人は、自分のことも大事にする！

48

気がきく人は「すべてが正解」と考え、気がきかない人は「自分が正解」と考える。

同じ物事であっても、その見方によって解釈は違ってくるものです。

例えば、休日に雨が降ったとき、「出かけられなくて残念」という捉え方もあれば、「溜まっている本を読むいい機会」と捉えることもできます。

人づきあいにおいては、「私が正しい」と捉えるか、「私もあの人も間違っていない」と捉えるかで相手の反応が変わってきます。

気がきく人は、習慣的に「すべてが正解」と考えています。もちろん、自分の意見も持っていますし、それを正しいと信じている気持ちもあります。だからといってそれ以外が間違っているわけではなく、〝その人にとっての正解〟であることを認めているのです。

気がきく人がしないのが「それは間違っている」という考え方・言い方です。

相手が持っているのは、確かに自分とは違う意見や価値観かもしれません。
けれども、〝違い〟は〝間違い〟ではないのです。〝違い〟は事実ですが、〝間違い〟は捉え方や意見です。

間違いを指摘することが、親切であると考えている人もいます。
そういう人たちは、「それは違う」「間違っているよ」「違うでしょ」といった言葉を否定の意味で使っているわけではなく、むしろ〝教えてあげている〟という肯定的な意味のつもりで使っています。

以前、研修先で出会ったAさんから、こんな相談を受けたことがありました。
自分の教育担当になった先輩Nさんのことがどうにも苦手で、仕事に行くのが辛くなってきたと言うのです。具体的な話を聞いてみると、Nさんに毎日のように「違う」「そうじゃない」と言われ続けているとのこと。さらにそれは業務内容のみならず、個人的なことにまで及んでいるのだそうです。

例えば通勤経路。乗り換えが多いのを好まないAさんは、少し遠回りでも乗り換えが少なくて済む経路を使っているのだそうです。それを聞いたNさんは、「それはおかしい。あなたの最寄り駅からなら、こっちが正解でしょ」と、その場で携帯を出し、経路を検索して見せてきました。もちろんその経路が早いことも知っていますし、Nさんの言いたいこともわかるけれども、あえて違う行き方を選んでいることを伝えたら、苦笑しながら「ふーん、変なの」と言われてしまったとのこと。

それ以外にもとにかく様々なこと、特にNさんとはやり方が違うことに対して、とても細かく指摘され「間違いだ」「変だ」と言われ続け、説明することにも疲れてしまったそうです。

誰しもが自分の正解の中で生きており、それぞれ間違っているわけではありません。Nさんの言っていることが間違っているわけではないですし、知らないなら教えてあげようという善意からの行動なのでしょう。

ただ、**どんなに自分にとって正解だと思えることでも、決して全員にとっての正解ではない**ことを忘れてしまうと、押しつけがましくなり、相手は疲れ、離れていってしまいます。

こういう考え方に陥りがちな人は、「べき思考」が強すぎる傾向があります。

「べき思考」とは、自動思考（パッと瞬間的に頭に浮かぶ考えやイメージ）の1つで、「～すべき」「～すべきでない」といった考え方に支配されてしまっている状態です。この「べき思考」が、過度な自己肯定や他者批判を呼び起こしてしまうことがあります。

「べき思考」は「だね思考」に変えていくことをおすすめします。

「だね思考」というのは、「あなたはそうなんだね」という考え方を表しており、特に違う意見や考え方に対して有効です。

「それは違う」「こうすべきだ」と捉える前に、「あなたはそう考えているんだね」と受け止める習慣を作ることで、〝違い〟を〝間違い〟にするのを防ぐことができます。

間違いを指摘しそうになったら、「そうなんだね」「そういう考え方もあるんだね」と、「だね思考」を取り入れるようにしてみましょう。

48 気がきく人は、「だね思考」！

49

気がきく人は必要に応じて適度に無視し、気がきかない人はどんなことでも無視できない。

気がきく人は絶対に無視なんてしない、と思っていませんか？

「無視」と聞くと、大きなマイナスのイメージがあります。

相手を傷つけるために行うなら、それは間違いなく暴力であり、攻撃であり、あなたの人間性を下げてしまいます。

とはいえ、無視には別の側面もあります。あえて「触れない」「拾わない」ことで、事態の悪化を防ぐこともあるからです。

以前勤めていた職場に、人の噂話や陰口が大好きなTさんという人がいたことがありました。誰かの成功話や幸せな話が面白くないらしく、何かにつけて、「でもどうせ上手くいかないよ」とか「長く続かないよ」と言うので、聞いていて気持ちのいいものではありませんでした。

そんなTさんが、特に好んでいつも一緒にいたYさんという人がいました。

Yさんは人当たりがよく、不満を口に出すことや、誘いを断ることが苦手なタイプです。Tさんにしてみれば、いつもニコニコと自分の話を聞いてくれるYさんと話すのは楽しかったのでしょう。昼休みには、2人で誰かの噂話をしている姿をよく見かけました。

Yさんが休みをとったある日、Tさんは昼休みに別のメンバーのところへ行き、また噂話を始めました。ところがその人は、Tさんの話にまったく乗る様子がなく、何を言われても「はあ」と言いながら受け流していました。しばらくすると、話し甲斐がないと感じたのか、Tさんの方から離れていったようでした。

その後しばらくして、Yさんが職場を辞めるらしいと聞きました。表向きはキャリアアップということでしたが、Yさんと親しくしていた人が言うには、Tさんの影響が少なからずあったようです。「しんどい」と漏らしていたと聞きました。

相手を大事にしようとするあまりに、「相手の言うことにはいつも真摯に耳を傾け、すべてをきちんと聞かなければならない」という考えに捉われすぎたり、「無視はよくない」と思うあまりに本当は聞きたくないことに耳を貸したりすることは、自分の心をすり減らしてしまうことがあります。

相手を大事にするということは、相手の悪意や攻撃的な姿勢もすべて受け入れるということではありません。

現に、**気がきく人ほど、共感したり反応したり受け入れたりする相手はきちんと選んでいるものです**。そこで過度な我慢や迎合をしないので、無理なく気分よく、長く続けられる人間関係を育んでいけているのです。気がきく人は自分にもしっかり気をかけているとも言えます。

もちろん、人には様々な側面がありますから、相手の一部だけで全部を無視する必要はありません。

気がきく人が習慣的によくしていることが、「受け取らないものを決める」ということです。相手の存在自体を無視することはないけれど、相手の出す「愚痴・悪口・陰口・噂話・批判」というものは無視すると決めているのです。

無視するといっても、「なかったことにする」ことはなく、「受け取らない」という姿勢を取ります。「はあ」「へー」「ふーん」といった言葉で軽く受け流す、もしくは「そういえば」とすぐ別の話題に変えていくこともあります。


受け取らなくていいものを受け取ると、自分自身も、そこにいない誰かのことも傷つけることになってしまいかねません。相手を尊重し、大事にする姿勢は保ちつつも、あえて無視する方が気持ちのいいこともあるのです。

「無視するなんてよくない」という考えで自分を縛りつけず、あえて受け取らないという姿勢も持ち合わせてみてください。その方が、かえって人づきあいに気をきかせることとなり、自分自身も楽になっていくのではないでしょうか。

49 気がきく人は、受け取らないものを決める！

50

気がきく人は小さな枠で考え、気がきかない人は大きな枠で考える。

「気がきく」というのは〝細かいところまで気が及ぶ〟ということであり、とても能動的な姿勢です。相手の言葉や態度を受け取ってから理解するという受動的な状態ではなく、自ら進んで相手を理解しようとしている状態です。

人はすべての想いや感情を、すぐにわかるように表現しているとは限りません。どちらかというと、ざっくりと表現していることの方が多いものです。

例えば、「どこかに行きたいなぁ」と言葉にしたとします。「どこか」と大きな枠で言ってはいますが、文字通り「どこでもいい」というわけではなく、その根底には、もっと具体的な望みが隠されていることがほとんどです。それは「のんびりしたい」かもしれませんし、「目一杯遊びたい」なのかもしれませんし、「遠くに行きたい」かもしれません。

気がきかない人は、そのざっくりした部分をそのまま受け取り、自分なりに「どこか」を提案しようとします。

そうなると、本当はのんびりしたいと思っている人を遊園地に誘ったり、遠くに行きたいと思っている人を近くの公園に連れて行こうとしたりするわけです。

もちろん悪気があるわけではなく、相手の希望を受けて考えている気遣いであり、それは決して責めるようなことではないのです。

けれども、そういった感覚のズレを、相手は「わかってくれていない」「気がきかない」と捉えて、不満そうな反応を見せるかもしれません。そんな相手を見たら、「どこでもいいって言ったくせに！」と腹立たしく思い、険悪なムードになっておたがいに嫌な気持ちになってしまいますよね。

気がきく人は、相手の要望の中に核となっている小さな枠を探します。

言葉だけではなく、相手の表情や言い方、置かれた状況などをヒントに、今の相手にもっとも近いと考えられる働きかけをします。先ほどの「どこかへ行きたい」に対しても、「どこか」という言葉から考えるのではなく、相手が置かれている状況・疲労度・感情・ストレス度などを意識的に感じ取り、相手の状態を想像しながら言葉を選んで伝えていくのです。

例えば、歩き続けて「足が痛い」と言っている人がいたとしましょう。気がきく人ならそこで何と声をかけるでしょうか。

「痛い」という言葉だけに意識を向けていたら、「大丈夫?」という言葉がすぐに浮かびやすいかもしれません。それも優しさの1つではありますが、気がきく人は、さらに「痛み」の中にある「疲労感」にも気を向けます。

相手がもっとも言いたいのは「足が痛いから休みたい」であると想像し、「ちょっと座ろうか」という言葉を自然にかけていきます。相手の想いに意識を持ち、相手の言葉を少し代弁することで、より深い優しさの表現となります。

このように考えるポイントは、相手の状況・状態に合わせて枠の大きさを小さくしていくことです。抽象的な相手の言葉の中にある気持ちを具体的に表現するとどうなるか、次のようなイメージで想像してみましょう。
・大きい枠「どこかへ行きたい」→中くらいの枠「ここのところ仕事ばかりで疲れている」→小さい枠「近場でゆっくりできる場所がいい」
・大きい枠「どこかへ行きたい」→中くらいの枠「ストレスが溜まっているので発散したい」→小さい枠「大きな声を出せるカラオケやテーマパークなどがいい」

大きい枠が同じでも、枠を小さくしていくと、喜ばれるものが変わっているのがわかるのではないでしょうか。

人の話を聞くときは、枠を少しずつ小さくしていくイメージを持つようにすると、意識的にもっと気をきかせることができるようになっていきますよ。

50 気がきく人は、小さな枠の中で想像する！

おわりに

最後までお読みくださり、本当にありがとうございます。

自分の習慣や経験と照らし合わせて、できていると思うこと・できていないと思うこと、共感すること・自分はちょっと違うなと思うこと、色々な感じ方があったのではないかと思います。

確かなのは、コミュニケーションに絶対的な正解はないということです。人の数だけそれぞれの正解が存在し、それが人づきあいの楽しさと難しさを同時に生み出しています。

とはいえ、正解がないと言ってしまえばそれまでですし、諦めるしかなくなってしまいます。同じ状況の中でも、気をきかせられる人とそうでない人がいることは事実で、そこには明らかな行動と習慣の違いがあります。

コミュニケーションにおいて大事なのは、正しいやり方ができているかどうかより、自分と相手にとって心地のいい状態が作れているかどうかです。気がきく人が持っている習慣には、そのためのヒントがたくさん隠されています。本書では、それがわかりやすく伝わるようにまとめました。

「頭では理解できるけど、全部実践するとなると、なかなかできないよね」

講演や研修などでは、このようにおっしゃる方が少なくありません。
もちろん、全部を実践するなんてハードルが高すぎますし、そもそもその必要などまったくありません。どんなに気がきく人でも、すべてを完璧にできる人などいないのです。

行動や習慣を結果に結びつけるために必要なのは、量以上に質です。
あれもこれもと手をつけてどれもが中途半端であるよりも、1つか2つを丁寧に実践している方が、かえって「気がきく」と喜ばれやすいものです。

ですから、何か1つでもいいのです。

本書を手に取ってくださったあなたが、よりよい人づきあいのために、自分の意識や生活に取り入れてみようと思っていただける気遣いのヒントがあったなら、本当に嬉しく思います。

何より、本書を通して、人づきあいの迷いや悩みが少しでも軽減され、気遣いに溢れるコミュニケーションの楽しさと心地よさを改めて感じていただけたなら、著者としてこれ以上のことはありません。

いい人間関係の構築と持続は簡単なことではないかもしれませんが、ほんの少しの行動や習慣を変えることで、いい方向性に向けて舵を切っていくことは可能です。吹く風は止められなくても、逆風を順風に、向かい風を追い風に変えることはできるのです。

私は人の笑顔を見るのが大好きです。世の中に笑顔の人を増やしたいと考えており、「笑顔」のEを入れて、会社名もE-ComWorksとしました。今、この最後のページを読んでくださっているあなたの顔が笑顔であるといいなと思います。

最後に、本書を執筆するにあたって、本当にたくさんの方々のご協力をいただいたことを、この場を借りて深く感謝申し上げます。

特に、明日香出版社の竹内博香さんには、企画の立案から校正までたくさんのアドバイスとお力添えをいただきました。竹内さんの言葉に支えられて書き上げることができました。本当にありがとうございました。

また、取引先の方々、講師仲間のみなさん、いつも応援してくださっているみなさん、これまでに関わってくださったすべての方にも、心より御礼申し上げます。本書を手に取ってくださった、まだお目にかかれていないみなさんにも、きっとどこかでお会いできると信じ、楽しみにしております。

最後までおつきあいくださり、本当にありがとうございました。

山本衣奈子

著者
山本衣奈子
E-ComWorks 株式会社代表
伝わる表現アドバイザー
プレゼンテーション・プランナー、産業カウンセラー、認定心理士

大学で演劇を専攻、在学中にロンドン大学に演劇留学。国内外での舞台経験を通して、相手を意識した「表現」と「届け方」を知る。その後人間心理をふまえた「伝わる伝え方」を徹底研究し、その実用性を検証すべくサービス業、接客、受付、営業、クレーム対応等の業務にて30社以上に勤務。15カ国5千人を超える国籍・業種・立場を超えた人々との関わりから、ついに円滑なコミュニケーションの極意を見いだす。

表現力だけでなく、現場で身につけたトラブル対応力、対人能力、傾聴力、マナー術等を駆使し、「伝わるコミュニケーション術」を確立。伝わる表現アドバイザーとして、企業や官公庁を中心に、コミュニケーション研修、プレゼンテーション研修、セルフマネジメント研修、マナー研修等を実施。年間180回近い企業研修や講演を行う現在、総受講者数は5万人を超え、「表現方法が多彩になるだけでなく、モチベーションも上がる」と評判に。そのリピート率は、業界屈指の8割を誇る。

また、その会話力を高く評価され、著名人やスポーツ選手との対談の依頼も絶えない。

著書に、『相手に「伝わる」対話術（読む講演会＋PLUSシリーズ）』（ワニブックス）がある。

E-ComWorks 株式会社：https://e-comworks.co.jp

「気がきく人」と「気がきかない人」の習慣
2023年 4月18日 初版発行
2024年10月 11日 第20刷発行

著者　山本衣奈子
発行者　石野栄一
発行　明日香出版社
〒112-0005 東京都文京区水道2-11-5
電話 03-5395-7650
https://www.asuka-g.co.jp
印刷・製本　美研プリンティング株式会社

ISBN 978-4-7569-2265-6